TRAINING REVOLUTION

培训革命

写给中国的培训师和培训行业

李愍◎著

中国财富出版社

图书在版编目（CIP）数据

培训革命：写给中国的培训师和培训行业 / 李憋著. —北京：中国财富出版社，2014. 7

ISBN 978 - 7 - 5047 - 5259 - 8

Ⅰ. ①培… Ⅱ. ①李… Ⅲ. ①企业管理-职工培训 Ⅳ. ①F272. 92

中国版本图书馆 CIP 数据核字（2014）第 131308 号

策划编辑	宋宪玲	责任印制	何崇杭
责任编辑	张冬梅　宋宪玲	责任校对	梁　凡

出版发行　中国财富出版社

社　　址　北京市丰台区南四环西路 188 号 5 区 20 楼　　邮政编码　100070

电　　话　010 - 52227568（发行部）　　010 - 52227588 转 307（总编室）

　　　　　010 - 68589540（读者服务部）　010 - 52227588 转 305（质检部）

网　　址　http：//www. cfpress. com. cn

经　　销　新华书店

印　　刷　北京京都六环印刷厂

书　　号　ISBN 978 - 7 - 5047 - 5259 - 8/F · 2171

开　　本　710mm × 1000mm　1/16　　版　　次　2014 年 7 月第 1 版

印　　张　12. 75　　印　　次　2014 年 7 月第 1 次印刷

字　　数　148千字　　定　　价　32. 00元

自　序

这是一本写给未来培训师、培训行业和企业的书。

在过去的十余年里，培训行业经历了剧情片一样的跌宕与繁荣，培训师、培训商和企业一起演绎了这部作品。今天，一些人开始思考这部作品的主导动机。促使他们这样做的是培训行业的混乱与动荡：培训师希望独树一帜，扬名立万，却无力从根本上建立优势高度，找不到行之有效的解决方案，这让他们在付出巨大而徒劳的努力之后深陷红海无法自拔。抓不住根本，让培训师的进化日渐趋同，由此导致的低端繁殖引发的非理性竞争完成了这个恶性循环。虽然社会上充斥着各种不同的培训方式和培训内容，却终究因为没有载体而无法成就培训产品，更不用说是拥有自主知识产权的培训产品。因此，在过去的二十年里，中国培训主要靠欧美培训强国的舶来品维持生存，缺少自主造血功能。没有好的产品，培训市场也面临着不可回避的萎缩，并且直接影响到培训商的收益。与此同时，虽然中国企业在过去的几十年里得到了长足的发展，意识形态却仍然停留在较低的层次。尽管生存问题是首要问题，然而对于利润的盲目追逐反而削弱了企业的生存质量。另外，人本管理在中国的发展的确经历了普及和本土化的过程，却并没有从根本上取得应有的成果，同样投射出企业意识形态上的历史局限性。既然如此，救火式的培训也就自然而然地成为中国企业最关注的类型，这也注定了培训在企业的意识中不可能得到理性的认知。

任何行业的发展都会经历从混乱到规范的过程，这是成熟的代价；任何事物都要经历艰苦的开拓才能获得突破的力量，这是成长的真谛。经历了多年的混乱之后，培训产业的所有环节都强烈地渴望新的曙光。培训师只有实现基于能力的个性化成长，才能不断突破壁垒，有所建树。如是，非理性竞争的格局才会被打破，不求一家独大，但求百家争鸣。果真如此，培训师不但不会失去市场，反而因为能够不断获得新的思想高度而实现协同发展，市场也因此在更广泛的意义上得到扩展。只有如此，培训行业才会步入良性循环，培训产业才会重新获得勃发和茁壮的力量。

相对于眼下主流培训追求具体的思路来说，这本书的内容更多地从形象化的思维方式构造某种模糊，这样做的原因在于具体往往意味着局限，也剥夺了读者思考的自由。在写作的同时，我试图使用很多长句——虽然它们看起来不那么赏心悦目，读者在阅读过程中也会感觉到很多话说得并不那么直接。每当这种感觉出现的时候，我希望读者能够理解，笔者这样做正是为了尽可能涵盖和涉及更丰富的角度和高度。正如书中提倡的那样，当我提出“无边界培训”的理念时就已经明确“精确是最大的敌人”这一观点。既然如此，写在纸上的每一句话就应该避免因为过于具体而对读者造成局限。虽然在很多人看来这很难接受，但是我仍然希望那些愿意借鉴的读者能够反复阅读这本薄薄的书，其中的每一句话都是经过思虑再三才落笔，这并不是因为我的文笔多么优美，而是基于作曲家并不能完美地诠释自己的作品这一原理。

人类社会的进步需要持续不断的思想革新来引领，培训行业作为最富有生机的行业，更需要高速的新陈代谢和丰富而有力的思想革新。任何进步都是从思想的革新开始，这是个艰难而必然的选择。这本书的很多思想都是逆主流的，但这是深思熟虑后的描述。培训的魅力正在于此，它并不在于你如何阐述观点的对与错，而在于观点本身是否能够为更多的人提供更新、更美、更开阔的思考高度。

这也是我写作《培训革命》的初衷。

李 憨

2014 年 6 月

目录
CONTENTS

第一章　混沌的繁华 …… 1

第一节　需求何来 …… 3

第二节　乱花迷眼 …… 6

第三节　鱼龙混杂 …… 10

第四节　危机四伏 …… 14

第二章　培训论道 …… 19

第一节　需求的故事 …… 21

第二节　个性化与自组织行为 …… 35

第三节　培训的本色与宗旨 …… 44

第三章　培训师演绎 …… 59

第一节　动机种种 …… 62

第二节　形形色色 …… 70

第三节　经验主义与进化危机 …… 80

第四节　舍本逐末与角色认知 …… 89

第四章　培训启示录 …………………………………………… 107

第一节　认知：培训成功之始 ………………………………… 109
第二节　自然：培训生命之源 ………………………………… 119
第三节　科技：科技茁壮之力 ………………………………… 127
第四节　解缚：培训腾飞之翼 ………………………………… 133

第五章　培训的未来 …………………………………………… 139

第一节　站在未来看现在 ……………………………………… 145
第二节　行为的力量 …………………………………………… 156
第三节　行为的艺术 …………………………………………… 165
第四节　培训师的分化 ………………………………………… 185

第一章

混沌的繁华

培训从来没有像现在这样受到追捧。在过去的二十年里，培训向人们演示了一个新兴行业如何以爆炸式的蓬勃开始，又因后劲不足陷于停滞。在所有的新兴行业当中，没有什么比培训更具有代表性：拥有不可取代的地位和作用、优越的技术资源和人文环境、宏大的发展疆域和前景，却在本该茁壮之时步入歧途，以近乎荒诞的方式遭遇瓶颈。培训行业正在经历一场热气腾腾的浩劫，培训不再拥有颠覆性的力量，在繁荣的外表之下，培训的生命力正在迅速萎缩。一些人看准时机浑水摸鱼，赚得盆满钵满；另一些人则试图找到问题的根源，他们必须弄清楚在过去的几十年里发生了什么，错误从何时开始，以及如何避免纵容这种错误引发更深重的灾难。更为重要的是，在此过程中，他们将获得使这个充满希望的行业重归正途的启示和力量，如你所知，这是一个关于人类、社会和生存发展的主题。

第一节　需求何来

和漫长的文明史相比，人类建立和操纵现代企业的实践并不算长。爆发于英国的工业革命开启了新的黎明，彻底改变了文明世界的生存方式，巨大的齿轮和轴承不知疲倦地运转，制造出有史以来最强有力的工具，夯筑成现代社会的物质基础。工业自动化并没有大幅削减产业工人的数量，在那些传统行业里，机器替代了手臂，生产效率飙升。工人们意识到，在摆脱了重复性的劳动之后，他们必须在脑袋里塞进更多的知识才能操作这些越来越精密复杂的设备，技术工人素质的提高使得更为先进的设备被制造出来，这个循环是工业文明提高生产力水平的有效手段。质量更高的产品被生产出来，与此同时，另一个“产品”应运而生：技能型劳动者。虽然这并不意味着知识型劳动者会在一夜之间占据主导地位，但至少为其开启了助推的引擎。从组织理论的角度看来，这种源自职能化过程不断丰富的趋势是知识经济产生的主要依据，也正因如此，知识密集型企业才得以在以后的岁月里蓬勃发展。

人类文明总是在总结中升华，在升华中进步。工业文明引发了更加激烈的思想论战，经济学和行为学的发展把这场思想革命逐渐推向临界点。20 世纪上半叶，德鲁克创立现代管理理论，管理学成为系统化的科学，企业管理思想领域的扩张引领着企业主开始了一轮又一轮探索，促使他们这样做的是管理学对于生产实践的直接而有效的作用。这种风潮先后在欧美国家和日本完成了最初的试水。中国企业的启蒙始于三十年前，那些被中国人引以为自豪的民营企业家便是在这个时期迈出了第一步。这场管理变革牵动了整个社会的运转链条，随之而来的生产方式和商业模式的革新加速了全球经济一体化的进程。以传统方式运营的企业面临生存危机，建立现代企业管理模式成为所有企业关注的敏感问题。

组织理论在20世纪下半叶进入新的阶段，人的主观作用被推向前台，在上述局面波涛汹涌的背景下，这是必然的结果。不仅如此，越来越细的社会分工不断派生出新的行业，在传统行业中分化出新的职能，专业化成为新的主题。现在，已经没有人再推崇福特在一百年前创造的流水线作业法，人不再是工业化的附庸。与此同时，电子行业的发展节约了人类在逻辑思维领域的消耗，使更多的人得以迈向距离社会进步引擎更近的高度。在企业里，这种变化体现为管理职能普遍化，职员们不再是传统意义上的业务处理员，还要承担起更多监督管理工作。职能集成化是组织职能一体化的表现，人们不仅要一专多能，还要促成组织职能结构的无缝连接，就像行政助理既要谙熟公文处置，又要会驾驶汽车，还要懂得如何公关。这也就不难理解为什么人力资源管理浪潮会在短短数年时间横扫全球，成为新的焦点。

要让生产更有效率，人的素质必须经得住推敲。在新的产业格局还没有完全形成的时候，新老交替并不需要多么烦琐的过程；当格局形成转而进入高速扩张阶段，智力资本流便成为最重要的维生系统被凸显出来。作为现代企业的核心资源流，智力资本断流比现金流被截断更加可怕，智力资本枯竭往往意味着死期将至。基于组织层次的培训由此应运而生，担当此任的培训者必须小心翼翼地安排好所有层次的培训，以确保智力资本流转顺畅。一方面，全球化的经济活动正在改写企业的生存公式，竞争的焦点从资源掠夺转移到创建更有效率的商业模式上。这种转变对智力资本的质量提出了前所未有的要求，培训的层次和内容因此被极大丰富。另一方面，商品的极大丰富提高了社会生活质量，在工作之余，人们对生存品质的要求日益完美，一些主题更宽泛、形式更绚丽的培训得以迅速茁壮，一时间，各种培训铺天盖地，挤满了工作和生活的每个角落。

培训行业的迅速崛起印证了那条最简单的经济学规律：有需求就有供给。

第二节　乱花迷眼

中国培训的兴起始于20世纪的最后十年。改革开放率先解决了两个问题：一个是吃饱肚子，另一个是解放思想。围绕经济建设的一系列举措带动了文化市场的繁荣，当年轻人爽朗地传唱着爱情主题的流行歌曲时，逡巡已久的新思潮紧随其后，席卷而来。从事人文科学工作的人们不会想到，二十年后，在这个一度崇尚“学好数理化，走遍天下都不怕”的国家，他们将再度迎来大放异彩的机会。80年代从南到北的创业潮给沉闷的经济注射了一针“强心剂”，国外资本的引入带来了先进技术的同时，也让那些闻所未闻的新鲜概念进入了人们的视野。先进技术带来的差距感点燃了奋进的激情，学习先进观念的热情空前高涨。在整个90年代，最先引起人们注意，也最具有代表性的事件发生在管理科学领域。

1992年，国家教委把1984年设立的人事管理专业更名为人力资源管理专业，次年，中国人民大学劳动人事学院招收国内第一批人力资源管理专业的本科生。我至今还记得新闻里播出的那条消息，当年捧着招生简章审视这个专业的父母们大多满脑子糨糊，他们忐忑的是不知道这个新鲜专业毕业之后好不好找工作，而实际上，在其后十几年里，人力资源管理在中国的管理咨询和培训界掀起了一波又一波浪潮，时至今日，人力资源管理师仍然保持着职业认证体系中的最高热度。如果说人力资源管理是中国理念类培训的引子，1994年，刘力抢注“拓展训练”，成立北京拓展训练学校，便是中国概念性培训的开端。虽然早在1970年，香港外展学校就已经成立，但无论是独创性还是影响力，北京拓展训练学校在中国现代培训史上的地位仍然不容撼动。1995年3月15日，人众人教育成立。迄今为止，国内大多数拓展培训机构仍然在承袭这家曾经如雷贯耳的培训机构的理念和模式。虽然在其后的收购和高层事件之后风光不再，人众人仍然对之后的培训格局和发展模式有着不可低估的示范作用。从现在的视角看来，人众人的价值不仅仅是引进了体验式培训的概念和填补空白式的行业试水，其所研发的培训项目也确实具备充足的技术含量。

这个良好的开端并没能持续多久，被“暴利”吸引的投机商蜂拥而至，在此后的数年里，信息不对称理论被发挥到了极致，一些机构极尽蛊惑之能事疯狂敛财，甚至不惜铤而走险，实施欺诈。设置迷局的方法越来越高明，偷梁换柱者有之，限量特惠者有之，欲扬先抑者有之，攀古论今者有之。培训机构关注的重点不再是培训质量，而是生源是否充足，在百万佣金的驱动下，培训演变成为营销竞赛。新世纪的第一个五年，这种只在乎招生人数而不顾后果的做法变得肆无忌惮。一时间，各种极度夸张的宣传铺天盖地，在不明真相的人眼中，培训机构无所不能，在受骗者眼中，培训机构变成欺诈的代号，培训则成为“昧着良心赚钱”的行业。如果要评选出近二十年来最能揣测和掌控人们心理的行业，培训行业必定名列前茅。营销学和心理学借培训之躯大放异彩，焦点在于是否能够诱惑潜在客户交出银两，谁能短、平、快地迎合需求，制造旋涡，谁就掌握了赢利的主动权。让两眼放光的投机商欣喜的是，急功近利的知识型消费者让这个交易一拍即合，快餐式“大帮哄”的培训模式由此应运而生，大行其道。21 世纪初中国加入世界贸易组织以后国内那场轰轰烈烈的 MBA 培训潮很多人还记忆犹新，“入世”当月咨询公司公布的 MBA 理论需求量与实际存量之间数百倍的差距在短短两年之内便被填满，各大经管学院人满为患，MBA 全国飘红。企业兴致勃勃地前来采摘这些新时代的高端人才，MBA 们狮口大开，狂放得肆无忌惮，企业主们什么都预料到了，唯独没有预料到掏了大价钱换来的是与此形成巨大反差的业绩，面对一群披着精美外衣的庸才，企业主大呼上当，曾经有一段时间，很多企业的招聘信息中言明拒收 MBA。

在利益驱动下，培训质量和宣传大相径庭逐渐成为普遍现象，语言类培训可以帮助考生在一个星期之内通过留学考试，学生们还在越洋航班上就发现自己刚刚学到的东西已经所剩无几；认证类课程拼命扩大招生，为了节约成本，一些机构拉来在读研究生充数，为了招揽生源，有些机构甚至祭出协议，大玩文字游戏；拓展训练机构争相改头换面，试图延续十几年前的余温，却身陷套路陈旧的囹圄。培训项目多如牛毛不仅晃花了求知者的双眼，培训环境糟糕、师资水平低劣、培训形式呆板、培训内容陈旧、编排粗制滥造也让他们成为最大的受害者。好评难觅，恶评如潮，找到言行一致的培训机构和名副其实的培训产品变得越来越困难。而机构之间彼此仿效甚至剽窃项目的现象也越来越多。漫空飞舞的噱头彻底搅浑了培训市场，模糊了一些高质量的培训项目。大半培训成为纯粹的商业行为，培训行业成为投机商们大捞特捞的矿床。这个以知识为底蕴，以务实为根本的行业被逐利无度的掮客粗暴地拖离了赖以生存的土壤，失去了创造力和进取精神的培训行业陷入混乱，发展停滞也就成为必然的结果。

东方不亮西方亮，在一片混乱中，国际认证悄然开进中国，在那些老牌的发达国家，培训行业已经充分发育，由于同相关行业契合紧密，培训产品骨肉丰腴、品类齐全、实用性强。世纪之交的几年间，英国和美国的培训项目看准了中国知识产业的巨大市场，几乎是同时涌入中国。尚在发育中的培训行业在突如其来的新事物面前显得无所适从，尤其是那些闻名世界的认证项目，报考门槛高、学费高、系统性强、考核严细、评审周期长、通过率低，与本土风格反差强烈。习惯了“大帮哄”的人们对此既好奇又畏惧，绝大多数人选择退避三舍，这种保守思想不经意间帮了国内培训行业的忙，为国内的培训机构分析对手，抓紧市场争取了时间。与此同时，国内一些组织为了更好地普及国际先进的培训技术，编撰了不少培训师教程，遗憾的是，此举并没有收到良好的效果。很多编者从事多年教育工作，传统观念根深蒂固，对培训的认识存在偏颇甚至谬误，让这些教材新瓶装旧酒，加上编译人员语言、专业素质都不高，教材之间雷同者众，读之无聊，味同嚼蜡。

第三节　鱼龙混杂

培训机构自己是赚不来钱的，想要完成这个过程，还要有做培训的人，培训师成为创富者的理想化身。上自须发花白的老叟，下至尚显稚嫩的大学生，都想在这块领地上分一杯羹。于是便有了全民皆师的壮阔场面。一夜之间，五花八门的培训流派充斥了大街小巷，形形色色的“培训师”成为公众关注的焦点，频频高调出现在媒体报端。

口才流畅的人最先抢占有利位置，这一标准至今仍然被绝大多数行外人视为培训师的看家本领。“口才派”的讲课特点是没有结构、没有重点、思维混乱、内容花哨。因为没有章法，听众时常陷入五里雾中，最常见的情形是：乱七八糟的故事，风马牛不相及的案例，天上一脚地下一脚，想起什么说什么，开篇是一个主题，结束时已经跑到千里之外。这种聊斋模式可以保证讲课的酣畅舒爽，至于其他，都不重要。尽管如此，“口才派”对不明就里的普通人群仍然具备些许震撼力。

“激动派”是靠煽动情绪赚钱的类群，他们擅长煽动听众亢奋情绪，我见过最刺激的一幕是一个二十五六岁身着中式礼服的年轻“讲师”在台前疯狂街舞，观众踢开桌椅，欢呼雀跃，整个教室俨然变成了舞池。更令人感到意外的是，这场题为“高效沟通”的培训在狂舞之后竟然掌声雷动，而在整个过程中，没有一句关于沟通的真知灼见！虽然“激动派”已经过气，但是在企业对于培训的诸多误解中，这群人造成的负面影响体现得最为明显。时至今日，仍然有不少企业在外请培训师时，把激情作为首要标准。实际上，“激动派”和“激情派”培训师截然不同，如果说“口才派”是用舌头充门面，“激动派”就是靠肾上腺素。

心灵训练是培训市场形成早期一度大行其道的培训形式。从表现上来看，它更像是“激动派”的延伸版，在心灵训练的现场，不论多么坚强的人都会为之动容，相对于“激动派”，这个流派的高明之处在于深谙“悲剧比喜剧更有力量”，哀婉凄凉的音乐，如泣如诉的二胡，富有感染力的解说，层层布局，不让听众热泪奔涌誓不罢休。所以，在这样的培训现场，哭得一塌糊涂是标准场面，甚至听说有人因为悲伤过度导致昏厥。然而当我们想要从中觅得教义时，却猛然发现在华丽的外表之下原来空无一物。不过单就效果而言，这种培训形式堪称催泪瓦斯的不二替代品。曾经有一位培训界的朋友对我说，判断一个培训师是“激动派”还是“哀婉派”只要看眉毛就够了，前者是十点十分，后者是八点二十。

崂山道士不知道是不是确有其人，一个猛子扎进培训行业里的“神仙派”却是实实在在的。这群人大都行迹神秘，还都与社会名流有着千丝万缕的联系，动辄几张合影一亮相，信徒们便趋之若骛。神仙们的作为也与众不同，惊艳脱俗。能通高压电，能度鬼门关，隔靴可搔痒，治病信手拈，满口通哲经典，浑身仙气缭绕，一副不食人间烟火的做派。这群人只消只言片语，信徒们便争相倾囊，从赢利模式上看来，前面几种望尘莫及。最有特点的是这群人的服饰花样繁多，僧衣道服，古装大氅，仅就一身装束便已先声夺人。曾听闻中原某地有一位培训大师经常纶巾鹤氅、手持羽扇，俨然诸葛孔明再世，如果按照这个形势发展下去，说不定哪一天真会有跨虎驾鹤、脚踏祥云的大仙问世。所幸者，近年来打假之风日盛，有识之士不被光环与名望所扰，坚持真理，“神仙”们纷纷被掀下神坛，招摇撞骗者最终无处遁形。

2001 年，百家讲坛掀起了学习国学的热潮。新的商机发出了信号，无数“国学大师”仿佛十七年蝉般齐齐破土，古籍经典如洪水决堤，咆哮而至。最令人咂舌的是，这些人的讲课费用惊人，十几万元者有之，几十万元者亦有之。对于这些“大师”的真实水平，一位人力资源总监的话直截了当：“花了天价，等了三个半月才排上档期，真是闻名不如见面，见面大失所望。”当被问及培训的亮点时，这位总监想了良久，吐出四个字：“背得挺熟。”沾上一点专业的边儿就自称国学大师，一知半解就忙不迭地到处走穴串场，类似的情况比比皆是。如此一来，岂能不乱，最大的隐患在于：误人子弟。

如果在列举搅浑培训行业的类型里落下“寄生派”，一定是重大的失误。把他们放在最后来说是因为他们的特点是模仿和剽窃，在所有的本领当中，这该算是实用性最强者。“寄生派”能够克隆任何一位讲述者所讲的内容，从结构、案例到开场、结尾，甚至语气语调。在 2009 年某国际培训峰会上，我亲眼见到一位培训师，他对台湾某著名培训师的模仿“精细到汗毛”！而对于另一群人来说，采用拼凑的方式可以让剽窃更隐蔽，这是不需要付出什么成本的，十几位培训师的身上能够拼凑出相当丰富的培训，窃取大师的素材，岂不是可以速成大师？这种方式被那些急功近利，渴望赚钱到眼红脑热、青筋暴走的人视若珍宝，并借此迅速制造出为数众多的“三无”培训师——无职业素养、无专业技术、无专业能力。这些野生培训师为扰乱培训市场立下汗马功劳，成为培训行业发展历程中的重要阻力和巨大祸害。

战场上衡量武器威力最直观的迹象是能够腾起多大的烟雾，在培训师面前，武器专家不得不甘拜下风。简历最完美的人群非培训师莫属，培训师头顶的何止是光环，简直是云蒸霞蔚，气势之大惊天泣神。倘若确有其事，实至名归，自不必说。混淆视听的是那些胡编滥造、无中生有者。这群人的光辉事迹绝非南山打虎、北海屠龙这么简单。不是挽救过世界500强，就是为某某首富指点过迷津。胸无点墨、一无所成的人在这里摇身一变，成为功盖寰宇的英雄人物，当然，最后一定不能忘记注明是某知名高校总裁班、继续教育学院特聘教授云云。基本上，除了国务院政府特殊津贴以外，无不敢书。浮夸与张狂屡屡得逞让这群人更加肆无忌惮，正所谓：用谎言愚弄世人，将无耻进行到底。相比之下，富有真才实学的培训师显得黯然失色。曾经有好事之人针对某培训师的简历一一核实，结论大哗：十几条名目竟然无一属实！曾有诚心求学者向业内专家咨询，如何辨识此种人。专家笑答：好识别，一半忙着发行光盘，一半盘踞名山大川。

上述这几种人都不是真正意义上的培训师，如果一定要找个词汇来定性，应该是“投机商”。

第四节 危机四伏

世上本没有怀疑，行骗者多了，才有了怀疑。无良机构和野路子培训师的猖獗从很大程度上把培训行业推入信任危机，而在专业化的培训师群体中，缺少职业操守，培训质量低劣者的比重也相当可观，几年前流传在企业界的培训师黑名单就是反映该现象的代表作，至今，该名单仍在持续更新。值得注意的是，入选该名单的培训师并非都是野路子或者名不见经传者，竟也有活跃在媒体前沿的名流和专家。这份名单详陈了培训师们光鲜外表下的道德污点：有的利用大牌身份在培训即将开始时突然提价，如不应允便甩手走人，以此威胁主办方；有的鲸口大开，名吃名饮名酒店，名车接送；有的口大舌敞，污言秽语随处泼洒，喷云吐雾，修养全无；有的春心荡漾，桃花满面，言语猥琐，处处留情。面对种种丑恶嘴脸，人们不禁愤慨：德且不具，何以为师？如果说这些做派损害了培训师的公众形象，接下来的做法则很难不让人们对培训师的能力产生质疑：有的培训师十几年固守一套课件，观念保守，内容陈旧；有的培训师从来没有相关经历，却大讲相关课程，没带过团队的讲团队，表达有问题的讲沟通，做事拖泥带水的讲执行，行为循规蹈矩的讲创新。只要是时下最流行的培训项目，不管是什么领域的培训师，都能拿出一套教案来。个别培训师甚至膨胀到认为自己无所不能，什么培训都想插一脚，似此种种，效果自然惨不忍睹。而推动他们这样做的，是培训费。

一家能源企业的副总在会议间隙征询如何才能找到货真价实的培训师。这个问题并不比预测哪只股票会暴涨容易。挑选培训师很像在批发市场选购水果，大多数摊位会给减价处理的水果辟出一块区域，这不是追求品质的消费者们的首选，他们无法容忍伤疤和虫洞，对大多数消费者而言，此举能让他们自动把目光聚拢到那些光鲜的货架上。正因为卖相举足轻重，果贩们会在保存和包装环节极尽所能，施展智慧。他们使用二氧化硫或者果蜡提高水果的亮度，再用绷紧的保鲜膜把每一只水果严丝合缝地包裹起来，整齐地码放在色彩绚丽的盒子里，这并不能提高多少成本，却能够大幅度地提高利润。问题在于，这些方法也可以让很多内里已经腐烂的果品仍然保持鲜润亮泽的外观。消费者只有切开水果才能发觉这一点，然而，这种验证只能发生在自家厨房的案板上而不是把钞票递到果贩手中的那一刻。水果没有电子产品那样的保修服务，所以每一天都有类似的事情发生——人们花了更多的钱，买到了比处理品质量更低劣的物品。现在的消费者会比以前更谨慎地选择果蔬，这并不奇怪。尽管如此，仍然无法让上述现象彻底消失。

人为财死，培训师这个本应以高尚品德和博大胸襟助人的群体，一旦为财所惑，就会变得唯利是图、见利忘义。每一年聘请外来培训师授课的企业里，多一半花了冤枉钱，培训师们全身心追求暴利，培训水平每况愈下，尽管他们越来越擅长把质量低劣的培训包装得亮丽花哨，也会不可避免地露出马脚，上了一次当以后，企业便不会再与其继续合作，他们只有另投他路，继续寻找下一个目标。近些年，出现了专门靠拿企业的后悔钱过活的培训师，形成了不论是培训师阵营，还是企业客户人人喊打的“游击型”培训师群体。这群人是培训师队伍中的毒瘤，要承担信任危机的主要责任。

越来越乖张的培训师群体开始争夺培训机构的资源，企业希望在这样的交易中减少支出，培训师则希望获得更多的收入。在培训市场中，信息不对称的格局正在被打破，培训机构的生存模式遭受到前所未有的威胁，在咨询业务无法得到有效拓展的情形下，培训业务的赢利方式面临变革。在培训产业起步较早的东南沿海地区，已经有一些培训机构开始尝试转变职能，改良服务模式。他们面对的问题是如何在保证培训师质量的前提下扩大数量。培训师数量不少、质量不高的问题再次凸显出来，各种试图避开矛盾焦点的探索回到了原点。

混乱的蓬勃必然导致混乱的结果，任何人都看得出来，培训行业陷入了发展的泥淖。听培训的和做培训的同时坠入困惑，前者不知如何选择，后者则迷失了方向。本该走在知识产业最前沿的培训行业正在形成死水。长此以往，粗陋的培训和低值的培训师群体将摧垮整个行业。企业将面临智力资本凝滞枯竭的局面，失去智力支持。社会将无法再从这个看似壮大实则萎缩的行业汲取活力。

物极必反。培训行业的泡沫已经膨胀到危险的边缘，和十几年前的互联网行业一样，它也将面对寒冷彻骨的现实。培训师的培养模式、培训机构的生存方式、行业协会的管理模式、培训行业的商业模式都将迎接新的挑战。

这将是一场全面的革命。

第二章

培训论道

当我第一次走上讲台的时候，并没有预料到听众会如此热烈地响应，我用丰满多汁的案例、美轮美奂的演示和引人莞尔的语言搭建起整个结构，并为此深感得意。听众毫不掩饰他们的兴奋和激动，在培训结束后的评估表中塞满了溢美之词。我们在一起度过了整整一个下午，双方都获得了真切的快乐。多年以后，我仍然清晰地记得这次彻头彻尾的失败，这并非假惺惺的谦恭之词，因为对于培训中那些最重要的部分的做法，我无法解释。当行为偏离了标的造成思维混乱的时候，这种情况就会出现。这次失败对我产生了深远的影响，它让我意识到在那些失去根据的瞬间，发生在培训现场的情形并不止是偏离了主旨那么简单，它们背后的某种认识上的谬误使这次精心策划的活动失去了内在价值和实际意义，就像土木工程师在工程告竣后才发觉看错了图纸。

这个问题把我拉入艰苦的思考中，在随后的十几年里，思考的焦点曾经从培训是什么转移到培训应该是什么，然而在经历了大量的观察和实践之后，我意识到，也许针对对于人类社会发展进程和个体的发展轨迹发挥的作用加以解释比使用僵硬的文字做定义更理智，也更有实际意义。另外，这也有助于理清一直以来试图在概念上使之泾渭分明的教育与培训的关系，从实际的角度来讲，此举有助于人们理解培训的本质，也可以让思维不再被禁锢在被概念圈定的范畴中。

第一节 需求的故事

我们生活的世界充满了需求，植物需要阳光，动物需要食物，人们需要上班。你在想最后这个有点别扭？的确如此。上班并不是生存的唯一手段，但是为什么绝大多数人必须上班呢？这个问题的回答多如牛毛，从捉襟见肘的基层小丁到富可敌国的巨子，都能给出一个相当有说服力的解释。我相信大部分解释会集中在生存问题上，月光族对此感触深刻，收入丰厚的人同样如此，只不过他们的选择是该买27元高弹的餐巾纸还是28元的环保纸。对于那些财力雄厚的人来说，可支配收入能更深层次地改变生活质量，代价则是获得更多进入会议室的机会，在出差的航班上失眠几小时，想出一个比去年更使人同情的不陪家人去海岛度假的理由。如果可支配时间能和收入一样多，他们会不吝溢美之词地感谢上苍赐福，他们也许是地球上最向往自由的人。

最开始的需求简单而直接，从婴儿到中学生，从饼干到新衣服。当我还在上小学时，每一次路过乳制品厂，都会被里面浓浓的奶香吸引，我坚信那里面一定有很多奶牛，因为除了可口的鲜牛奶以外，我并不知道将会在一个叫作超级市场的地方看见昂贵的奶酪。这种单纯的感受每个孩子都会经历，因为眼界和思维方式的限制无法给判断力提供足够的营养。随着年龄的增长，大脑中那些奇妙的区域得到了长足的锻炼，需求也随之茁壮，当它得到足够的激励以后，便会成为欲望。不论是需求还是欲望，都取决于判断力，判断力越强，意味着心智模式越成熟。对大多数人来说，判断力的分水岭从第一份工作开始。真正意义的独立生活并不是自己吃早点，而是做出比以前更多的判断：如何分配每个月的微薄收入才能有所积蓄、和哪些人亲近能够确保不会在两个季度以后被扫地出门、以什么方式工作能够得到上司的认可甚至赞扬、如何对待业绩评选和优秀员工奖金以及通过什么方式让自己脱颖而出占据先机？具体的工作最大的坏处就是会把各种挥之不去的影响植入印象，把独立思考的时间掠夺得瘦骨嶙峋。人际关系和直观感受是构成特殊工作环境的要素，即使是对于那些理性更强的人，这种作用也不可小觑——人们到企业里上班并不是因为喜欢上班，而是如果不参加工作，大多数人并不清楚自己应该做些什么——这简直就是关于判断力的典型素材。甚至在下班以后，我们还能在人头攒动的餐厅里听到从凄惨悲凉到慷慨激昂的各种议论，话题的共同点仍然与工作有关。除了极少数因为运气而使需求与工作内容吻合的情形以外，对大多数人而言，找出那些最早出现的具有里程碑意义的需求的萌生条件和呼吸新鲜空气一样重要。

钱的使用就能够带来这样的启示。

对于孩子们来说。第一次花钱是忐忑而兴奋的，他们第一次切身体会到钱如何让自己和周围的世界建立起某种联系：用手里的钞票和陌生人手里的玩具进行交换。在此之前，孩子们只需要表现出某些意愿，就可以顺利地从父母的口袋里拿到钱。第一次花钱的美妙感觉会建立起一种全然不同的欲望——某种基于能力的支配欲，甚至对于很多工作多年的人来说，这种支配欲仍然是坚持工作的主要动力——他们也许没有意识到，在逐渐拥有实现更深刻的改变的力量的同时，需求的出发点却仍然停留在获得金钱的水平，而关于如何更有效地掌控自己的命运的需求却发育迟缓。众所周知，除了钱以外，其他需求也会随着年龄一起生长，马斯洛解释了这之后的事。在这个过程中，生理和心理活动日益复杂，需求逐渐分化。我们能够从学校里看到这些变化，有些学生宁愿被处罚也不愿意完成作业；有些则开始关注异性身体的变化；还有一些只对成绩单感兴趣。也许你不会相信，十几年以后，这种分化将决定他们会出现在什么样的培训场合。值得注意的是，那些把培训拉开档次的人并不一定是考试状元，而是那些思维方式更为独立的人——这些孩子也许不够听话，不够讨人喜欢，但思考的自主性和愿望更强烈。这是人生当中一个了不起的阶段，它们终将发育成完整的思维模式，并且帮助它的所有者把这一进程继续下去。那些学历不高却能完成丰功伟业的人与名校毕业却最终默默无闻的人最大的区别在于他们更清楚做事的目的。判断力在这个形式与本质的游戏中发挥了作用，这种宝贵的能力将促成分析力、思考力和想象力的协同成长，并以自控力的形式完美地结合在一起。

自控力当然不能只是解释为应该如何处理情绪的能力，它是自主掌控命运的综合能力。强劲的自控力会让人们在思维的各个维度拥有优先权，这些人凭借远见卓识占据着社会的制高点，那些做出不凡成就的人均属此列。辨别这类人并不困难，在他们尚未取得成就之前，就已经表现出与众不同的资质，擅长思考就是最突出的特征。除去生活环境的些微影响——我不赞同过度夸大成长环境对人的影响的说法，这至多只能起到催化作用——这几乎是一种天赋。他们不太容易被接受，在很大程度上是因为从不轻易满足，他们总是想尽办法让自己沉浸在一种快乐的紧张中，而这种快乐在普通人看来就是自找麻烦。永不停歇地思考让他们成为一群特立独行的人，只有他们自己或者同类人才清楚地知道每一件事的发生都应该有充分的理由，这种习惯在生命中那些关键节点让他们获益匪浅，并最终使他们成为先知先觉者。他们的一生充满了逻辑的紧凑和跃动的灵感，即使在最混沌的环境中仍然清醒地知道应该做什么、起点在哪里以及何时开始。值得注意的是，这种能力并不是极少数人的专利，它存在于相当一部分人的潜能中，前者之所以更容易被发现是因为他们能够自主启动思维的引擎。

现在，我们有了三类人群，也得到了三类需求。即使不借用弗洛伊德的理论，我们仍然能够清晰地将其区分开来。第一类人拥有常规需求，他们必须得到及时的帮助以便完成那些常规事务。在这个循环里，外来的援助和引导举足轻重。虽然这个人群判断力有限，却因为此类需求可以通过某种程式化的方式得以解决而得以弥补。从自身角度来说，他们对于改良和创造性的事务不感兴趣，需求对于他们的意义更多的在于那些不得不面对的实际问题。如果不正视需求背后的问题，职位和年终奖金都会受到威胁。从需求本身的角度来看，作为最常见的需求类型，它们的内涵和形式都很直接，企业里的大多数需求属于此类。第二类人的判断力更成熟，这是一群态度积极、做事认真的人，他们对应该以什么样的状态生活十分明确，那些精力旺盛、不辞劳苦的身影就是代表。充足的好奇心和不吝投入的愿望让他们成为中坚力量，他们的需求更理性，关注点更集中，这使得他们成为效率很高的一群人，建设性的问题也由此被发掘出来。你能从管理者的身上发现这些特征，另一个伴生现象是这个群体的思维方式有明显的行业标记，虽然这是必然的，却是对需求形成束缚的根源。第三类人是智觉者，他们的需求和名称一样难以捉摸。尽管这些人的表现光怪陆离，却大都与思想独立有关。他们观点犀利，具有典型的思想家特征，权威和铭刻这一类词汇不会出现在他们的字典里。鲜有培训能够满足他们那些匪夷所思的需求，这件事通常由他们自己完成。这些形容无意神化他们，我们可以找到不少关于他们的案例，去看看领袖和行业翘楚们是如何在最复杂的形势下展现睿智、高屋建瓴的，就能理解为什么他们可以改变其他人的命运。

所有这些需求都要经过相应的方式得到解决。

教育用来满足第一类需求，从作用的角度看来，教育的作用是促使生产力生长，那些由于种种原因没能接受良好教育的人们以各种不同的方式度过一生，除了极个别控制力强大到足以改变自身命运的人以外，大部分人无力改变生活状态，这主要是因为他们的知识仅仅来源于日常活动，知识贫乏和思维锻炼不足让他们当中的大多数选择顺其自然的生活方式，并且顺理成章地把这些习惯视作生活规则。他们也许仁厚质朴，乐善好施，却无力为自己和别人创造更深远的幸福。如果他们一直如此，生产力便无法成长，他们自己也意识不到生产力的存在，就像从未听说过松露的人不会知道这种菌类贵如黄金一样。

然而在现实中，上述问题往往并不能仅由知识的多寡加以衡量。一个大学生接受了十几年教育之后，仍然无法记住学过的大多数知识。据我所知，即使是理工科的学生，在拿到学位证书之后，也会被基本的定积分问题难住。而化学专业的学生也不会告诉自己的孩子香蕉糖的味道主要是丁酸异戊酯，因为他们早就忘记了这种有机物的特征。这并不奇怪，因为不管是在农贸市场还是免税商店，都用不到这些知识。这可是个严肃的问题，既然如此，人们为什么还要上大学，而那些研究生为了获得更高的学历所做的努力岂不是愚蠢之举？就在几年前，曾经有人据此抛出一种读书无用的论调，得到了广泛而热烈的响应，如果参照“人们总是会贬低和批驳自己不具备的东西”的规律，我们能够得到的唯一结论就是这些支持者的学历很可能都不高。这种说法和那些乍一听上去充满剥茧抽丝意味的论调一样给判断力薄弱的群体造成了不小的误导。教育促使生产力成长的主要方式是思维训练，在正规的教育序列中，学历越高经受的训练越深入。我们很难找到发自内心喜欢学校教育的人，然而即使是被动接受，也能保证学生们受到足够的训练——他们必须保证自己能够顺利地获得学位证书。

既然如此，教育的目的就不只是为了认知世界，而是赋予认知世界的基本能力。逻辑推理、分析识别和最基本的抽象能力都将在学校里得到培养。这是使思想之树茁壮成长的前提，人们在这里学会专注和思考，这些能力从此如影随形，无处不在。家庭主妇以最快的速度计算出打折后的价格，职员们运用三段体撰写工作报告，胃酸多的人则饮用苏打水缓解症状。

倘若潜在的能力是种子，知识就是培养液，虽然知识和基本能力可以帮助人们形成认识，却无法使之开花结果。人们关注的并不是培养液的多少，而是从中能够生长出什么。宣扬“学历无用论”的人描述的正是持有高学历却无所建树的情形。现在我们知道这种观点的偏激之处，并且对使它不足以作为结论的原因产生了新的疑问，我们需要从现实中找出关键性的线索：是什么影响了生产力在现实中的转化？

对于一个接受过足够教育的人来说，思维模式在得到了充分的训练之后，已经达到了一定的活跃程度，接下来他将进入一个特殊而动荡的时期，他将对一系列关键问题做出选择。这是对判断力的空前考验，在所有的问题里，最重要的两个分别是如何找出与思维模式相符的发展方向，以及在该方向上最快捷的成长模式。毋庸置疑，这不仅是高质量的需求，更是现实的需求。

在中国，这个问题的解决形式并不鲜见，大多数高等院校都设置了专门的就业指导中心，当学生们步入社会时，还能够听到职业生涯规划讲座——这恐怕是他们走出学校以后最先接触到的培训。这些做法并没有帮上什么忙，不论是职业测评还是过来人的讲经说法，现实意义便是谋到一份工作，在无休止的朝九晚五中感慨理想与现实的差距。判断力是最应该在学校教育阶段被解决的问题，现在却成为培训的任务。

另一个重任，则是在选定的方向上为发展提供加速度。这是极不寻常却非常浅显的道理：对第一个问题而言，判断力之所以具有决定性的作用，是因为人们没有足够的时间试探目力所及的所有领域，你一定见过这样的人，他们花费大量时间忙着跳槽或者频繁地更换职业以积累财富。问题是，在追随热门行业和金钱的过程中，他们在错误的方向透支了脑力。最糟糕的是，频繁更换起点使得主要精力被迫用于适应新环境，虽然他们接触过更多的行业，却无法深入其中。“鼯鼠五技而穷”，方向游移不定势必脚步凌乱，后劲不足，这将使他们陷入更加迷乱的混沌。

如你所见，第二个问题是以第一个问题为前提。下面这个例子让这个关系看起来更直接：从埃塞俄比亚的露西到隔壁的高级工程师，人类进化至今，已经不知出现过多少不同的个体，而对文明演替贡献最为卓著的那部分，只需要一本《世界名人录》便可以收纳，这本书中的名字都是同时弄清楚上述两个问题的人，如果这样的人更多，文明必定比现在发达得多。今天的人力资源工作者追求的人职匹配便是这一期望的体现。然而现实中，工作对于大多数人的作用却是提供生存所需和在判断力薄弱的情况下不至于无所事事。这就是因为薪水稳定而心满意足的职员和爱因斯坦的区别，同时也解释了为什么哥白尼不是雕塑家，而莎士比亚也不是医生。如果你也同意教育的作用是使人明白什么是需求，那么培训的作用便是使人意识到应该如何判定和创造需求。这非常重要，并不是所有人都能准确无误地找到合适的方向，而那些找对了方向的人大多没有机会从事专门的研究或者能为他们在各自的领域走向深入提供有力帮助的工作。

简言之，从脱离学校教育的那一天起，人力资本的成长模式便进入了全新的自主选择阶段，不论形式如何，培训都将成为决定生存质量和生命能量的钥匙。

现在，我们已经清楚培训对生命的质量有着多么巨大的作用，虽然你不会在帕加马的羊皮纸上找到这个词，它却一直默默地推动历史的车轮，并且成就了那些最璀璨的瞬间。一个有可能到现在还困扰着你的问题也许是：我并不确定你所说的那本书里的人物面前都站着一位现在叫作培训师的人。那是因为你被培训的形式局限住了，如果你还记得前面我们说过的那些先知先觉的人，就不难明白其中的道理。

说到需求，如果不提及企业里的培训需求，一定是个大失误。下面的话题也许对于那些忙着争夺订单的培训师们不是什么好消息，但是这有利于帮助他们发挥真实的水平，更加有的放矢，而不是单纯为了赚取培训费而登台亮相。

在对于一些企业的走访和调查过程中（也包括培训），我不无惊讶地发现，很多企业的培训投入没有得到任何回报。尽管培训师们提供的课程大纲上罗列着一大堆收益，听众们却收获寥寥。这很有代表性：企业的培训需求过多，并且大多缺少理性的依据。

这又是个关于判断力的问题，培训曾经一度是企业的面子工程，诸如通用电气和西门子这样的公司时至今日仍然接受着膜拜。在追随者的实践中，最常见的手段就是扩大数量和范畴。如果没有非理性的需求，培训市场可能会像现在一样繁荣，却不会像现在这样混乱。企业对于自己需要什么并不总是清楚的，一味地指责不是理智的做法。

不可否认，在确定真实需求的过程中能够切中要害是最困难的事情之一。困难来自两个维度的判断：首先是必要性，所有的判断都基于迹象，关于迹象的误判断大多基于“眼见为实”。在性质维度，典型的表现莫过于夸大了培训的作用，尤其是对由于机制体制形成的问题的处理上，培训建立起一个个乌托邦，再在第二天的晨光中灰飞烟灭。就像在传统的家族企业里倡导公平竞争，或者在闲适懒散没有压力的组织里推行高效工作法则。

另一种错误几乎清一色地来自完美主义者，他们用外部的眼光审视企业，然后提出既专业又激进的培训方案，这有点像让青蛙飞上天空，或者告诉牡蛎陆地生活多么妙不可言。如果基于某些迹象的判断是准确的，并且确定能够通过培训得以解决，就将进入识别维度。在这里，判断的对象不再是性质，而是类别。做这件事的谨慎程度较前者有过之而无不及。给所有有发热症状的患者开感冒药的医生被吊销执照只是时间问题，即使同是感冒，医生也必须详细了解病情、症状，以确定是风热引起还是风寒所致。

没有什么比现象更容易把人们引入歧途，导致两个部门经理之间发生口角的原因有很多，可能是因为对某件事产生了误解，也可能是其中的一位两小时前刚刚和妻子吵了一架，而另一位不合时宜地出现引发了“续集”。如果简单地判断为跨部门沟通的问题，大概项目计划书还没有写完，二人早已重归于好。

上述这些针对需求的诊断必须而且只能由企业自己完成，这个过程和探案颇为相似——这恐怕是最值得投入精力的事情之一——不论是对企业还是对个体。在企业里，由于对此决策不当而导致的资金浪费十分普遍，原因也多种多样：草率决策、专职管理人员职业化水平不高、维护外部人际关系和企业形象以及在临近财年报告期时处理尚显宽裕的培训经费以防来年培训预算被削减等。

企业对于需求不负责任的态度导致了大多数培训无果而终，在每一年新增的培训台账中，记载着大量不同主题的精彩培训，共同构成了一幅繁荣的场景，却空虚得如同游乐场里的棉花糖。

虽然有需求就有供给，却不能为了满足需求而忽略对其合理性的判断。理性的需求不一定有价值，有价值的需求却一定是理性的。一些人为了满足需求而触犯法律，另一些则通过不正当的方式达到目的，比如通过殴斗和酗酒宣泄不满，或者使用家庭暴力维护尊严。不论是企业还是个体，正当的和健康的需求才会引发积极的结果。然而这受到文化、社会或者企业意识形态的影响，如果企业的关注点只是维持稳定和获取利润，培训就不可能得到真实可靠的效果。我曾经听一个知名企业的员工说起总裁的承诺是让他们全部成为百万富翁，在他得意扬扬的表情里，我判断这只是这位总裁对那些动机单纯的雇员使用的激励伎俩。很显然，这种手段对于有思想的员工行不通，更无法成就任何有价值的愿景。如果一个企业的格局仅限于此，也就不会有所建树。必须承认，包括金钱在内的物质手段是最有效的激励方式之一，不过也没有什么比这种方式更能标明双方的身份：雇主和劳动力。在它的反面，正是那些闻名遐迩的企业久盛不衰的秘密：把员工视作战略伙伴而不是交易对象。

尽管我已经强调过具体的害处，却仍然不得不拿出一些具体的例子，曾经有很多人奉劝我最好把文字表述得尽可能清晰和单纯，而这正是具体的表现。事实是，除了用来证明某些论点的案例以外，我必须避免陷入过于清晰的描述中。这并不是说不应该表达清楚，而是为了给读者留出最大的思考空间，为了做到这一点，一些表述必须抽象化。就像生物学家掌握了爬行纲的特征，便知道鼋和飞蜥属于同一个大家族一样。

现在来看看身边那些最常见、最火热的培训项目，看看它们都在满足哪些需求，而这些需求本身是否真的合理和健康。

销售类培训已经演变成心理战。人们挖空心思地推销自己的产品，唯一的目的就是变现和扩大影响。这个圈子里的竞争激烈源于同质性，比如家用电器、日化用品和药品。在一大堆高清电视里，消费者很难说清哪个品牌更耐看；除了香味以外，我们很难说清哪种沐浴露更好；各种治疗鼻炎和皮肤炎症的抗过敏药的主要成分都是氯雷他定，却由于厂家的不同价格迥异。少数企业会绞尽脑汁想出一些局部的、细微的改良，却发现它们根本无法发育成优势。事实如此，核心竞争力不足是大多数企业的通病，各种花哨的广告和促销活动根本无法为他们建立坚强的信心。在这种情况下，销售变得不择手段，于是才有了狼性销售之类的培训。培训师们成功地转移了销售面对的主要问题，把焦点放在如何使用非正规手段迫使顾客就范。在销售界广为流传的许多话术是误导、混淆甚至威胁、恫吓的综合体。最有讽刺意味的是，那些资深的销售员们白天熟练地使用这些方法清空库存，晚上却在餐桌上叮嘱自己的家人不要上当。

他们对于这种需求并不具有建设性心知肚明，销售也因此成为最有代表性的流水岗位。如果销售培训仅仅是停留在如何在现有水平压榨优势，而不是在此之上建立名副其实的优势，这个领域将继续保持低级竞争的状态。

心态类培训分明变成了讲授如何寻获逆来顺受之道的模具，如果这一类培训的目的就是为了告诉听众适应环境变化的方法，或者如何更好地为企业效力，它的生命力就将受到限制。这和团队建设类培训非常相似——培训师意气风发、道貌岸然，大谈特谈应该如何在团队里建立信任，如何增进沟通，如何搞好人际关系，如何倾尽所能相互协作。至于那些激情洋溢极具蛊惑性的激励培训，和伏特加的效果如出一辙。虽然这些课程在企业里受到广泛欢迎，却更像是少数人自我陶醉、一厢情愿的憧憬之词——无论如何，我听不出自已和培训内容有什么关系。我找不到采纳这些灌输的理由，不由转而质疑培训的目的，在企业需求和个体需求的关系上，这些论调究竟是在试图协调还是强化对立？这是个稍不留意就会剑走偏锋的问题：事物的发展从尖端开始，但若想茁壮成长却正好相反；只见森林不见树木则会失去根本。

此类判断是否准确，决定了对于培训需求的理解是否深刻，在大多数人看来，理解培训需求纯属多余，他们只需要站在固定的角度分析现象就够了，而缺乏深度的分析终究无法得到靠得住的结论。

也许就在你阅读这一章节的同时，培训需求调查正在某些企业里进行着，培训主管抱着厚厚一摞问卷兴冲冲地走进办公室。一个小时后，统计结果汇总到经理手中，他饶有兴致地在报表上挑选出看上去很紧急或者关系到管理层的培训项目。假设这是一位资深经理，在培训策划方面表现得和那些优化专家一样训练有素，他必须最大限度地保证培训经费物超所值，并且得到上级的认同。如果一切顺利，我们便会见到精神抖擞的培训师和精彩纷呈的培训。毋庸置疑，评估是重头戏，并且有着整个培训项目中最重要的产品：评估报表。倘若参与人员的职业化程度足够高，一般会有相当不错的统计数据，诸如培训很有针对性、满意度很高等。这就是一次圆满的培训吗？如果仅仅因为这样的模式最常发生就可以判定为标准不免有些草率，因为这样的结果无法解释为什么培训效果不能持久。尽管如此，却仍然这样做的原因是他们并没有意识到评估结果和培训的效果完全是两回事。在本章的后半部分，我们还将对此做专门说明。

第二节　个性化与自组织行为

当我的女儿还不满两周岁的时候，家人就选择早教中心的问题进行了一次讨论，这看起来更像是经济学问题：在候选的两家中，一家设施豪华，风景旖旎，但是距离比较远；另一家设施普通，风景平平，但是离家很近。如果费用不是问题，从接送孩子的角度考虑，近处的这一家更合适；而从活动环境来看，较远的那一家更有优势。于是焦点自然就转移到应该优先考虑孩子的活动环境还是方便接送上，如此一来，结论似乎昭然若揭。但是这件事并没有如是进行下去，因为在重新梳理问题的过程中，我发觉拥有最高优先权的问题在这场讨论中从一开始就被忽略了。

在我小的时候，并没有早教中心的说法，父母们在早上把孩子送到托儿所（多么凄凉的叫法），晚上下班时再接回家。孩子的一整天都在那个不大的空间里度过。如果我的记忆不错，那个时候唯一的快乐就是在树上发现没见过的虫子，在设法抓到它之前猜测它正面的长相。当时的条件就是这样简单：几排蓝色栅栏的木床、定时供应的食物和上下午各一次的放风，谢天谢地，院子里还有两棵爱生虫子的杨树。整个环境就像放大了的养殖场——请原谅我不修边幅的形容。

现在的早教中心拥有丰富的活动内容，当我的女儿第一次走进那间明亮的屋子，几乎立刻就被色彩斑斓的玩具设施牢牢吸引，她从滑梯跑到蹦床，开心极了，久久不愿离开。我相信这一幕对大多数父母很有说服力，但我还是决定不让她来这里。做出这一决定的理由是我并没有看出这里究竟能给我们提供什么实质性的帮助。我并没有诋毁早教中心之意，也不反对关于早教的各种理论和实验数据，但是相对而言，我更在乎个性的发展。我无意说服读者接受我的观点，只想借用这个案例作为引子，以便使接下来的阐述更好理解。

儿童早期智力开发正在受到全球瞩目，虽然这个领域热浪滚滚，却仍然处于持续探索和积极争议中。在人生最初的几年里，大脑的主要任务是优化所有脑细胞的联结，三岁孩子脑细胞间的联结数量是成年人的两倍，这些联结杂乱无章，大脑必须决定为其中的哪些细胞重建联结，把哪些既成联结彻底截断。这个过程需要在外界刺激下完成，早期教育无疑可以帮上忙，研究人员抱着美好的愿望为创造人生更美好的起点倾尽毕生精力，他们的研究成果将推进全人类的优化，真是了不起的作为！但是仅凭这一点就够了吗？我们必须正视这些成果并不足以作为结论的事实，人们低估了幼儿的判断力，并由此引发了对于有价值的发现的错误的应用——就像火药被填充进武器——而今，这种错误已经随处可见。

大多数早教机构的活动都经过了精心设计，幼教师要忠实地执行这些规定动作，保证每个项目运转正常。但是并非所有的孩子都喜欢这些活动，一些表现得更内向的孩子对此兴味索然，他们更愿意静静地坐在一边观察或者独自想象。通常，教师会像诱导离群的沙丁鱼归队一样设法动员他们加入到群体中去，并且告诉他们应该表现得快活和合群。如果屡教不改，她们便会把这些表现告知孩子的父母，郑重其事得就像医生给危重患者开具诊断单。虽然这种要求的出发点只是为了便于管理，却大多会得到响应。不论基于何种考虑，父母们都会或多或少地去做孩子的工作。况且，在大多数人看来，把孩子尽早送到群体里是顺理成章的事，有很多理由可以用来证明这样做多么明智——尤其是那些在岗位上苦苦挣扎却无力解脱的父母们，防不胜防的人际关系让他们迫切希望自己的孩子能尽快融入群体生活，只有在这里他们才能学会如何与人相处或者协调人际关系——这理由听起来很充分，不是吗？可是如果他们真的能这样做并且像他们的父母期望的那样，就可以从中受益吗？

事实是，统一的指令并非适用于所有人，当少数孩子表现出不配合的时候，他们的真实感受就不再受到重视。结果如何？这里会像香肠机一样制造出一模一样的产品——一群聪明而迷茫的人。他们开朗、健谈、看上去充满活力，却对自己一无所知。他们掌握了各种能力，却不知该如何把握命运。他们可能会有一个好人缘儿，然而在事业上乏善可陈，缺少建树，这一切都源于缺少个性。不管你相信与否，这正是导致就业困难、择业茫然、从业困惑的罪魁，而这一切，始于过早地融入集体生活并且受到强迫性的训练。

这简直是灾难。

无数例证表明，过早地被强迫融入群体生活会削弱个性。那些从小就表现得与众不同的人，大多富有创造力和独立精神，我们可以在环球名人榜上毫不费力地找到一大堆这样的名字，而上述做法，恰恰是在磨灭个性。相信你已经注意到，个性化发展和早教本身并不冲突。既然应该尊重每个孩子的个性，家长就必须对这些方法进行有选择地使用。由此可见，早教应该是每个家庭的自组织行为，而不是孩子们的集体行为，参加早教学习的，应该是家长。在整个教育流程中，集体只是形式而非方法。即使是那些早出晚归不得不把孩子送进育儿机构的父母也必须要面对这样的事实：他们才是掌握孩子命运的关键人物。

这个例子很好地说明了几个角色之间的关系，它的典型之处除了和培训有异曲同工的误会之外，还因为那些年轻的听众在我每一次提到这个话题的时候都会表现出强烈的共鸣，他们坦承受到过各种宣称可以提高能力的训练，而今却深陷迷茫之中。

就在几天前，我从电视里听到了一条消息，越来越多的中国家长决定自己培养孩子，而不是送进幼儿园。这也许是一个不错的开端，中国的读者们会质疑亲力亲为是否能够提供系统的锻炼——实际上，除去经济因素，那些做此决定的家长会让这一切尽其合理。

培训又当如何？如果一次培训是有效的，它必定是个性化的。如果没有这个前提，所有的评估都将是徒劳的——不管评估表里的问题设置得多么精妙。赫拉克利特提出的“一个人不可能两次踏入同一条河流”意味着不仅不同企业里出现的同类问题存在差异，即使在同一企业里发生的类似的问题之间也存在差异。换句话说，每一个问题都必然有其个性化的成因。即使是同一个问题，上午被圆满解决，下午再次出现时，即使看上去与前者并无二致，采用相同的解决方法，却可能导致完全不同的结果。

如果企业不谙此道，他们便会把热望寄托在培训师带来的解决方案上。你可能会对他们接下来如何给自己制造麻烦感兴趣。其实，对这种倒霉事最有发言权的是咨询行业，我们可以在从皮包公司到跨国集团的各种规模的咨询公司的业务单里发现惨淡收场的记录。他们相信太阳底下没有新鲜事，事实却经常与此相悖。一家企业遇到了员工流失量过大的问题，培训能帮上忙吗？在那些热衷于改善心态的培训师眼中，答案是肯定的，然而如果他们得知公司副总是个性骚扰者，还会不会接受委托？在咨询公司的案例库里，有不计其数的精彩案例，但这并不能说明其中总有一个适合你。与其草率选择，不如想想那些看上去很棒的活动是如何在被强迫参与其中的孩子们身上帮了倒忙！

新的问题几乎立刻就出现了：如果前面的描述属实，企业主们又该如何保证培训是有效或者充分个性化的？这真是个麻烦的问题，因为其中涉及了太多的角色，但是弄清楚这个问题将非常有助于澄清培训真正的意义所在。

迄今为止，培训效果不彰的责任几乎是一致指向培训师的。我并不会因为我本人也做培训而指责这种做法，但我不得不说，这种指责有失公允，或者说，存在观点错误。培训效果虽然受到培训师职业素养和专业能力的影响，主动权却始终掌握在企业手里。仅此一点就足以印证，培训师从来就不是解决问题的人。虽然这种说法可能会招致相当一部分培训师的批驳，却是不争的事实。让我举个简单的例子来说明这一点。

一家企业遇到了某个问题。与这些问题有关的人包括一线员工、业务主管、部门经理、业务总监、分管副总和总经理，现在需要从企业外部聘请一位培训师做相关主题的培训。在此事促成之前，我们先按照对该问题的了解程度由深到浅给相关人员依次排序。如果是基层问题，员工大概会排在前面，如果是中层问题，主管经理的名次会排在前面，然而无论怎样排列，培训师都无法改变位列末尾的事实。既然如此，为什么还有那么多企业心甘情愿地把希望寄托在这个人身上？与之形成鲜明对照的是，在人事变动中，人力资源部却大多优先考虑内部人选，而不是“空降兵”。

对此，曾经有一种说法相当流行，叫作“自己的刀修不了自己的把”，也有一部分人对此不以为然。在这个问题上，重要的并不是能不能修，而在于有没有必要修以及由谁来修。如果企业仅仅需要借培训师之口说话，则大可不必煞费周章，因为这样的话说与不说并没有本质区别。既然面对的是心智成熟的成年人，他们自有判断和主张，只是面对那些昭然若揭的事情心照不宣而已；话说回来，如果真的严重到非要靠外力改变，又有多少企业心甘情愿地接受外人摆布？事情如果真的发展到这个地步，企业面临的大多是涉及体制机制的重大问题，又岂容外人插手？

在那些重大问题上，企业会采用自主方式进行处理，因为没有人比企业内部的人员更清楚现实状况。对那些自诩为专家的培训师来说，这种论调似乎有损于他们的形象。据我所知，他们的傲慢从很大程度上源于对洞察力的自信，他们大多经验丰富，处事老道，这很容易让他们高估自己的能力和经验，他们坚信自己能看到企业看不到和看不懂的问题，并且顺理成章地认为其他人对此浑然不知。从专业的角度看来，这似乎讲得通，但这并不足以证明他们的确能够抓住所有与之相关的关键线索。和那些同样意识到这些问题的人一样，他们看到了某些迹象，而基于迹象的判断，却并不一定比其他旁观者——比如其他部门的经理——拿捏得更准确。

即使是那些无懈可击的培训，能够起到多大的作用也并不取决于培训本身。就在几年前，一位享誉世界的管理大师来到中国推行他的主张，在一家合作机构的反馈中，我得知那个风靡全球的项目在南方某集团的试水中夭折。这让我想起一位嗜食海鲜的朋友，他对海胆、牡蛎和蓝鳍金枪鱼的热爱近乎癫狂，却对新西兰螯虾过敏，他对蘑菇充满恐惧，即便是松茸这样的珍馐，也会让他红疹满身。大多数人对食物的选择是出于习惯，这让改变食谱成为最痛苦的事。企业的习惯表现为企业文化，这并不是个褒义词，在那些机构臃肿、官僚主义盛行的企业里，圆桌会议从来就不是好主意，坐在云端的管理者无法接受自上而下的改良，他们更习惯看着草民们自我改造，然后心安理得地把成果收入囊中。在做这些事的时候，他们会表现得煞有介事，并且给予非常实际的支持，这些支持往往不会得到认同，这使它们成为整个过程中最大的浪费——这是因为统治层会将事态控制在可以容忍的范畴之内，并且在即将触及自身利益之前及时中止。每一年都有巨额的支出在这种有始无终的培训活动中烟消云散，没有人指责此举是纸上谈兵，事实上，这是极少数能够被毫无困难地接受的只有过程没有结果的事情之一。讽刺的是，这种华丽的徒劳竟然是该过程中唯一能够被落实的东西。

值得高兴的是，一部分企业——虽然只是极少的那部分——已经开始尝试把培训师看作基点而不是救世主。这是决定性的一步，这意味着他们的观念发生了某种转变。他们迟早会发觉“具体”的害处，而目力所及之处，没有什么比经验更加具体。在大多数人看来，经验意味着在面对同样的事物时有更多的选择。问题是：为什么不会有更好的选择？这个道理就像有人问你最喜欢哪个噩梦一样。人们早已习惯接受那些先天就缺少理性的问题，就像书店里卖得最好的书总是那些标题里带有数字的一样，他们认为那是经验提炼，是精髓所在，却并没有意识到自己正被拉入选择噩梦的囹圄之中。实际上，没有什么能比“具体”更彻底地剥夺思想的自由。就像相机无法替代美术的价值，摄影爱好者都清楚，即使是那些写实的照片，也必须经过结构、角度与色彩的调和才能生机勃勃。

从这个角度讲，培训师应该带来个性化的思考，而不只是经验之谈，这需要双方具有足够的理性以正视经验的作用。经验提供的是“不是”而不是“是”，“不是”创造无限可能，“是”则意味着萎靡与枯槁，就像高明的营养专家不会建议人们去吃哪一种具体的食物一样。这个过程需要培训师的努力，这一点将在后面的章节里进行阐述，而使之发挥作用的主动力来自企业。毫无疑问，这种企业内部的自组织行为将决定培训内容的利用率，并直接为培训效果负责。很少有人真正关注这种自组织行为，它却是培训开始显效的真正起点：这个流程包括对培训内容进行筛选、识别、组织个性化匹配和个体个性化匹配。最后的两个环节通过再激发得以完成。在这里，我们能够看到哲学家们所阐释的外因是如何通过内因发挥作用的。至此，我们已经走完了培训的表面部分，要想得到更明确的启示，除了踏入更深广的疆域，我们别无选择。

第三节　培训的本色与宗旨

在前面的章节中，我们引用了一些现象来说明培训不是用来解决问题的，也解释了为什么这个观点会遭到激烈的反对。事实上，盲从经验是懒惰的表现，依赖传统则是无能的表现。我相信有一部分人读到这里会皱起眉头，因为他们的确看到了培训是如何解决问题的，反对者用实例驳斥我的观点：那些技术和礼仪类的培训，几乎可以立竿见影。关于这一点，我并不否认，然而它们不仅不能削弱，反而能够更好地支持我的观点。为了把问题交代得更通彻，我用两个例子加以说明。

我的小学时光非常快乐，因为每天只有半天上课，这让我得以有时间探索池塘和草丛里的世界。唯一的遗憾是三年级的一场大病，在恢复健康的几天里，数学老师结束了珠算课程。当我再次坐到教室里时，成为全班唯一一个不会打算盘的学生。这几乎让我陷入了恐慌，我并不知道，就在几年以后，一个叫王文京的江西男人把算盘送进了博物馆。

当我还在大学校园里徘徊时，世界 IT 行业的格局正处于风起云涌的当口。那个时候的电子娱乐产品并不多，学生们热衷于在键盘上一较高下。对于那些有心计的学生来说，星期天是他们积累优势的时候。他们大多会前往书店，购买一些能让他们更出类拔萃的书籍。我注意到很多人在购买一种叫“五笔字型输入法”的书。我并不知道这东西有何妙处，直到在计算机中心看到他们使用这种方法输入文字，并招致旁观者艳羡的目光，我才恍然大悟。不过，我并没有感受到这种风尚的实用价值，我使用全拼输入法的速度甚至略胜一筹。这要感谢给我打下扎实功底的语文老师，让我从未在诸如“耨”、“剖”之类的拼写中犯错误。这种无聊的竞赛在第一次使用 IBM 语音输入软件的时候走到了尽头。

从某种角度来说，技术可以改造世界，作为生产力成长的果实，技术体现了文明的水平。第一个试着用一块石头改变另一块石头形状的人如果有足够的运气，就会发现敲击某些特定的角度会得到更好的外观，并且很有可能因此成为旧石器时代的大师；工业文明时代，人们能够轻而易举地得到最巧夺天工的形状。从加工方式上看，二者的区别是明显的，然而在此过程中，技术并没有起到决定性的作用——如果仅仅懂得冶炼金属，人类将会坐在一大堆奇形怪状的金属锭上面继续敲击石头——除非他们知道金属真正的妙处在哪里。在使用金属工具之前，人们很可能已经意识到用尖锐的石头挖掘块茎非常吃力，如果仅仅是把石头换成金属，情形不会有任何改观。人们需要对金属的形状进行设计：薄的还是厚的、笔直的还是弯曲的、长的还是短的……无论如何，它必须节省力量，而且更有效率。毫无疑问，这种创造是文明进步的原动力，它在过去的数百万年间改变着人们对于空间和时间的认识，左右着人类的生存方式。

虽然我一直在使用代表群体的名词，在这个问题上，却必须面对现实：人类的创造力都源自个体行为。在原始时代，群体可以为个体提供安全的保障，当生产力足够发达时，群体活动的含义开始变得复杂而微妙，个体行为和群体行为的关系也随之变化。让我们跳出企业的限制，从更开阔的角度鸟瞰这些关系以及由此产生的活动，试着找出培训的任务的坐标。

如果德鲁克对于企业存在的意义的分析值得肯定，问题就不会再停留在生产方式上。一种新的技术可以提高产能，却无法从根本上改变供需关系。为了避免被文绉绉的语汇弄懵，我还是用案例辅助说明。

销售类培训是少数至今从未失去过热度的培训类型之一，在机场的音像架上，你总能在显眼的位置看到打着红黄底色的销售培训光盘。这个领域有一群见多识广、阅历丰富的培训师，一位参加过我的国际培训师课程的销售总监便是这群精英中的一员。在发来的邮件中，他希望获得关于课程开发的建议。对很多人来说，这是个奇怪的问题，他只需要把自己的经验打包加工就可以拥有一大批听众。事实上，大多数销售类培训师都在按照这个模式行事。然而他希望得到更深刻的效果：更通透，更震撼人心。这就另当别论，他必须重新认识销售，对那些讲授狼性销售的培训师来说，这纯属多此一举，甚至虚无缥缈。事实果真如此吗？在书店的货架旁，我们能听到各种稀奇古怪的关于销售方法和技巧的论调，所有的阐述都对准同一个目标：把商品变现。大多数销售员并不关心商品本身的存在是否有意义，只有在那些歪解“存在即合理”的脑袋里，这才不是问题！销售人员应该是与产品设计师关系最密切的人，他们必须尽可能迅速地发掘出顾客的需求，这些信息在设计师手中成为设计需求的原料，这就是为什么设计师最了不起的工作是创造需求而不是设计产品。任何人都看得出销售人员对此是多么举足轻重。对于那些习惯于盲目夸大现金流对于企业生存重要性的人来说，只是在为自己的无能寻找遮羞布。如果一个企业的智力水平仅限于疲于奔命，也就不值得被寄托以有质量的期望。

苹果公司是行为化销售的代表，史蒂夫的竞争力来自卓尔不凡的设计。强劲到让销售沦为附庸的影响力不只源自一体冲压而至浑然天成的美学呈现，更令人激赏的是它彻底终结了以卡式磁带为代表的机械式的娱乐时代，人们获取快乐的方式更加快捷，生活质量极大提升。不仅如此，它的影响力甚至超越了产品本身，世界音乐产业的商业模式也因此被改写。这样的产品不需要铺天盖地的宣传单，尽管它价格昂贵、机械强度低、功能受限，甚至在很多时候被指责忽视顾客的感受，却并不妨碍专卖店门前翘首期盼的队伍越来越长。

对于大多数失败的案例来说，他们和苹果的区别只是变革不够彻底，也许其间只有一步之遥，却会形成决定性的距离，使结果大相径庭。

这是另一个与根本问题失之交臂的事件。一群热情的年轻人自费自发组建了公益宣讲团，他们试图通过实际行动影响那些身陷繁重工作疏于同家人联络感情的人们。这种关于新时期孝道的主题传递的能量是积极的。据我所知，活动造成了一定程度的影响，一位负责人向我描述那些感人肺腑的场景时，激动之情溢于言表。现场会有什么？真情澎湃，热泪奔涌，甚至虔心忏悔！这样的场面已经司空见惯，不过撩起这些热气蒸腾的情绪就是此举的目的吗？一个半年没有给父母打电话的人可能会从此每个星期都给家里打电话，就是这样吗？问题是，当电话挂断，听筒两端并没有发生任何改变：他还要回到现实中去，眼前仍然是无休止的工作，烦躁和迷茫很快就会把亲情的温暖冲撞得云消雾散；父母继续凝望着窗外，为他漫无目的的未来担忧。在很多培训现场——尤其是心态类培训的现场，我们能够看到更富有感染力的图景，它们当中的大部分都因为沦为情绪的宣泄场而注定有始无终。如果我告诉他如何能够为自己找到最合适的行业和行之有效的商业模式，那种看上去很华丽的培训便会立刻溃不成军——他将在一年之后享受每天与家人团聚的幸福。显而易见，对于一个学会了把握自身命运的人来说，幸福的品质才是扎实可靠的。那些在无力改变现状的苦恼中企盼解脱的人们需要的是改变生存状态的提示，而不是每个月该打多少个电话！

这并不是个复杂的问题，却因为不够理性而错失了应有的深度。我们来看看二者究竟有什么区别，关于这一点，可以通过两种做法引发的结果进行比较。在第一种情形下，组织者会因为行善而感到快乐，听众在现场同样能够感受到震动，他们会在以后的日子里增加与家人沟通的频率，不过，在离开现场以后，效果很快就将褪色，因为他们将重新回到现实中：既无力改变现状，又无力对抗现实。显然，除了掀动感情的波澜以外，这种活动没能促成任何根本性的改进，甚至会加深人们在面对思念家人与无力自控的矛盾时的焦虑和无奈。不难发现，宣讲的效果仅限于现场，一旦离开特定的环境，便迅速失温。另一种情形如何？也许也会经历上面的程序，所不同的是，宣讲者将引导听众澄清一些关键性的问题，诸如寻找匹配行业的方法、给自己做客观判断的方式或者至少是在企业里应该以什么样的目标工作。这些主题能够让他们掌握自控的方法，或者能够解释以那些非同寻常的方式努力工作的原因。更重要的是，一旦他们知道了应该怎样做，就为各种成就创造了可能，他们还会把这些教义继续弘扬开去，进而为帮助更多的人提供了可能性。由此可见，第一种情形靠感性建立结构，却在最短的时间里遭遇阻断，演讲者得到了感性的满足，听众却没能得到实际的帮助——即使他们同样会口口相传，传递的也只是感觉而已，实际上，在那些以情感作为核心的培训活动中，这是非常典型的“有触动而没有收获”的模式；第二种情形有了理性的立足点，靶向性更强，授之以渔因此成为可能，讲解者甚至不必煽动情绪，就能得到真诚的响应，因为听众得到了真切的收获，而他们所要传播的，是坚实有力的思维模式，这种可以改变命运的思想能够不断提供行之有效的帮助，因为它切中了问题的根本。

现在我们可以探讨培训的任务了。

读者一定还记得在这一节的开头强调过的创造性的行为来自个体而不是群体，这个事实可以为找到培训的任务提供帮助。企业里同时运转着两套系统：生产系统和创造系统。

前者存在于参与产品制造的各种实际的资源中，后者则存在于那些迸发着灵感火花的脑子里，创造系统凌驾于智力资本流之上，是企业能够制造出的最稀有的产品。说到这里，不可避免地再次涉及企业生存意义的话题。我参观过一些设备先进的企业：感光玻璃外墙、大理石地面、雪白的无菌车间、明亮灯光下精密仪器控制的流水线……在包装车间，一只只精美绝伦的成品被小心翼翼地放进红木盒子。几天以后，你会在布鲁塞尔和纽约的购物中心里见到它们。如果这家企业的影响力足够大，同样的流程也会出现在几个时区以外的代工工厂里。在相当一部分企业里，不犯错误是铁律，工人们必须按部就班、一丝不苟地操作，企业会给每个环节配备详尽的培训内容，并且在他们接触到这些内容之前经历泡菜式的入职培训。当人们谈论那些最了不起的商品的时候，这一切并不会成为谈资。倘若稍加留神就不难发现，在整个生产过程中，企业仅仅完成了制造的工作，并无创造性可言。无论是规模化还是智能化，都无法告知产品应该是怎样的或者应该被如何使用。今天，身着晚礼服的酒客们可以在金链树下品评柏图斯庄的佳酿，不过除了味蕾得到满足之外，他们对于杯中之物并没有什么帮助。虽然我们无法获知谁是第一个发现通过贮藏能够提升葡萄酒品质的人，他的这一发现却是让这种了不起的饮料风靡至今的关键和起点。在所有影响到人类文明发育的领域里，都能看到类似的时刻，它们表现为改良、变革、跃进或者颠覆。它们唯一的共同点，就是无一例外地源自创造力。不仅是在文明交替这样宏伟的节点，在那些寻常的日子里，也看得到它的影子。就像一个年轻人告诉我他如何使用牙膏代替沐浴露在没有空调的情况下安然度过北京的夏天。它们的区别，仅仅在于影响力的范围和深度。

在企业的诸多行为中，创造力毫无疑问是最重要的维生元素，那些具有远见卓识的企业都具备这个宝贵的特点。优秀的企业会因为创造力充沛而生机勃勃，他们需要的外部培训更少，也更有针对性；而在培训内容上，他们更侧重于激发创造力和改善思维模式。看上去只是内容的区别，却反映出对于培训的完全不同的看法。他们不会像大多数平庸的企业那样在火燎眉毛的时候才想到培训，或者在弄清楚真相之前草率行事——事实上，后者最大的问题之一就是产生了过多的需求，而在决定进行培训之前，它们甚至不会被识别和筛选。在培训这个问题上，一部分企业已经开始尝试自主造血，显而易见，他们不再依赖培训，而是采取了借鉴的态度，关于这种理性的选择，上一节已经做了充分的阐述。下一个问题便是培训应该在这个过程中扮演什么角色，也就是培训的任务。

如果把前面的关键词串联到一起就不难看出，培训应该能够激发个性化的创造力，不论是对于企业还是个体；从引导创造力发挥作用的过程来看，培训应该具备改善某种状态的特征。将二者合而为一，在这个开放的公式里，培训的根本任务便是创造问题。虽然今天的很多培训体现为企业行为，然而不能因此混淆的是：培训承担的并不是企业责任，而是社会责任。

我必须对那些信奉“解决问题说”的读者澄清一件事：我不否认这种观点。这并非妥协之词，因为不论是在社会环境还是组织环境，很多问题的确需要通过培训来解决，甚至只有培训才能解决，就像电工必须知道零线和火线的区别。然而，这一类培训只是为了保证已经固化下来的东西不出现意外，而无法从根本上促进进步。一个熟练的火车机修工人接受了大量的专业培训，对他来说，维修最复杂的设备就像把面团放进烤箱一样简单，但是他无法帮助列车跑得更快，因为这种培训无法让磁悬浮的主意跑进他的脑子——哪怕只是路过——培训本身限制了思考的维度。从某种角度讲，这正是左右脑思维模式的差别，不难看出，只有创造性的思考才兼具广度和深度，具有更高的质量，那些匪夷所思的伟大发明都源于这种能力。而那些位于思考终端的问题也一定是创造力的产物，并由此引发再创造。

我相信读者不会混淆我的用词，为了避免这一点，我一直非常谨慎。接下来的阐释用来说明培训的根本任务为什么是创造问题而不是发现问题。

艾萨克·牛顿与万有引力定律的传说让苹果成为最有内涵的水果；三百年后，一家位于加州库比蒂诺的同名企业以令人折服的开拓精神成为有史以来最富有创造力的组织之一。在这个图腾般的历程中，史蒂夫·乔布斯向世人展示了如何让科技产生冰冷的温暖，而这恰好就是我们即将阐述的主题。假如你的手边恰好有一部iPhone，请仔细欣赏，不管是银色的Logo还是光洁的屏幕，没有一条线索传递出顶尖科技的信息，这并不奇怪，因为这些元素从来就不曾成为设计师真正的关注点。20世纪的后半部分，移动电话完成了第一场关于便携性的革命，用户不必再把那个顶着天线的东西当作减肥的工具，真是可喜可贺！从实用的角度来看，这种移动通信设备已经相当成功，谁能否认这一点呢？如果现在是1997年，你的手里握着一部摩托罗拉公司的T190，这个精巧的小东西会让你想到什么？问题在哪里？没有问题？如果绝大多数人不是这样想，摩托罗拉公司恐怕已经在和雀巢争抢奶粉市场了。有一部分人会提出一些问题，比如机身材质不够高档、替换颜色不够丰富等。毫无疑问，这类问题属于被发现的问题，它们之所以出现，是基于产品实物延伸出的某些特征和信息，发现问题的过程通常体现为逻辑思维的活动，例如判断和推理，这些问题会以同质化的形式呈现出来，当消费者看到手机外壳的时候，很自然地想到颜色和材质，虽然这些特征从概念上存在明显的不同，来源却都是基于手机本身。就像一个擅长厨艺的意大利主妇在看到中国的馅饼时会想到三明治和比萨饼，而不是法国尼斯的海鲜饭。让这个过程的出发点变化一下会怎样？我们是不是一直被困在手机的套子里，为什么不从消费者的角度试试看？他们需要什么样的手机？商务的、酷炫的、正统的甚至另类的？在那些奇形怪状、风格各异的手机报价单上，罗列着一大堆试图凭借这一路线一鸣惊人的产品，他们以失败告终的原因在于无法摆脱俗套的束缚。如果用我们的理论解释，便是这种发现并没有靠得住的价值，根源在于发现只能提供有限的高度，而建立在有限高度之上的思考无法产生足以引发质变的力量。

现在，我们把目光重新投向 iPhone，看看那个小小的机身究竟隐藏了哪些关键性的信息而最终导致了颠覆性的革命。

一体冲压的外壳、恰到好处的弧线、简洁素雅的面板，这一切决定了它是一款性感的手机。性感是苹果的第一层外衣。人类对于浑然一体的事物和协调有机的动作的追求和推崇是与生俱来的，这可以解释为什么海滩上那些优柔的线条和光洁的皮肤总是成为视觉的焦点，而对于观众来说，除了无可奈何、无法言喻的赞美，能够拥有便成为仅存的愿望！即使是那些对苹果并不买账的人也很难否认，当他们见到 iPhone 的时候不会情不自禁地想要拿在手里，正是性感让苹果在视觉效果上先声夺人。

顺应自然是让 iPhone 出奇制胜的第二层外衣。在设计上，苹果运用了大量的人体动力学原理，不过并非仅此而已，我不知道这是不是促成苹果完成创造的依据，但是那位伟大的设计师极有可能面临过某种选择，他必须决定按键的形式！传统凹凸按键发短信的速度比触摸板更快，却以违背自然规律作为代价。在那些日常活动中，我们很容易发现，不论是简单的操作还是复合行为，拇指大多扮演着辅助的角色，凹凸键盘却让它不得不成为主角。最重要的是，在自然情况下，人们大多使用指腹而不是指尖触物。在使用凹凸键盘时，为了避免误输入，指尖承担了所有工作，触摸屏为这个神经末梢的问题提供了完美的解决方案，它让手指那些最优雅的动作得以酣畅展现。

使用最佳结构是 iPhone 令人爱不释手的第三层外衣。仔细观察它的三维尺寸，不难感受到和谐比例的力量。这并不意味着它们的比例是最佳搭配，但毋庸置疑，这种比例令人舒适。在 iPhone 出现后的短短几年里，各种国际品牌的手机纷纷闯进这块崭新的天地，给像三星这样的企业带来的威胁是显而易见的。这些竞争者最大的问题是在结构上的草率设计，为了迎合消费者，新产品的尺寸越来越夸张，加上日益轻薄的机身，让手机如同玻璃般脆弱，而这一切，都以损失便携性为代价。

不论是性感、舒适还是比例，都在传达一种属性，这种属性很难被物化，如果一定要用词汇形容，就是 iPhone 通过这些元素与人融为一体，而促使它们做到这一切的，是与人的自然行为相呼应的特征。在手机的功用和自然行为之间并没有必然联系，如果手机的外观和功能一如既往，并不会对它的作用造成什么影响——谈判不会被取消、聚餐地点不会变化、合同依然在约定的时间签订。在这里，那些不符合行为规律的问题并非由推理得来，而源自人类的手本身。这当然是设计师最了不起的主意之一，他由此创造了一个崭新的问题，耐人寻味的是，这个问题的影响并非在 IT 领域，iPhone 的本质是行为的革命。在中国，早在三千多年前，同样的革命催生了世界上最独特的食器。这种叫作筷子的小棒通过调动复杂得难以置信的肌肉群完成一系列令人叫绝的动作，成为手臂的自然延伸。从这一点上来说，与其说是手在操纵筷子，不如说是筷子最大限度地展现出手的灵动与巧妙，这也使得刀叉无法望其项背。

创造问题是那些独占鳌头的领军企业保持生命力的原动力，iPhone 的成功不只是行为与商业模式的胜利，也是对经典营销理论的发展。顾客不一定知道自己真正的需求是什么，但这不等于他们的需求会停滞不前。现在摆在我们面前的情形是：假如逻辑和推理可以解决问题，那么顾客的需求迟早会得到满足——尽管在需求和产品开发之间经常存在某种差距——你可能会等上十年而不是两年之后才能在市场上见到微单相机或者超极本。不过历史上的关键瞬间却并不是以线性的方式出现，那些革命性的变化往往标记出明显的时代断层，你一定还记得 20 世纪末柯达公司是如何没有认清形势而在数码产品的开发上栽了个大跟头。

这一定勾起了那些始终不曾将关注点从企业身上移开的人的某些想法，实际上，在企业里你并不是经常感受到这一点，但这并不等于它不存在。你可以用几秒钟回想今天白天自己都做了些什么，我敢肯定，大多数人和你一样，忙着打理手头的工作，顶着如期完成和少出错误的压力，如果有超出的部分，也许还会从上司那里得到计划外的褒奖。如果你已经对此习以为常，就去想一想当你第一次坐在办公室里面对着处处散发出陌生气息的设备不知所措的情景，那些在机构臃肿、效率低下的企业里的人们甚至会为此窃喜，他们并没有做出什么丰功伟绩，只是保证不犯错误就能在月底拿到钞票。接下来又是那个老生常谈的问题：因为不全心投入工作，结果不是被解雇就是因为所有人的不作为让公司在市场上的表现乏善可陈，最终导致薪水减少。企业一直在承担风险，很多人并不能理解企业的这种境遇，《爱丽斯漫游仙境记》中的那句有名的话对此作了形象的描述：你必须拼命奔跑以留在原地。没有哪个企业只是为了生存而存在，它们必须保持发展的状态才能成长。如你所知，这取决于创造力，今天在管理界尽人皆知的竞争力也正是由此而来。创造力通常伴随着问题出现，在解决问题的过程中成形。然而，大多数人对于问题缺乏敏感，有很多原因会促成这个结果，比如缺乏责任心、畏惧风险、被流程和刚性规定所限以及缺乏必要的支持等。我们不能奢望所有人都完美无缺，只要有一部分人愿意改进就可以了。这个道理并不难懂，就像前些年一直热传的所谓在企业中创造价值的“二八定律”描述的那样。现在，我们能够看到培训的意义了，它可以缩短发现问题的周期，扩展思考的深广度以提高计划外问题出现的概率，更重要的是，它将帮助这些渴望通过革新创造更高价值的人们创造更高维度的非线性的新问题。从这个角度来说，只有对这个群体来说，培训才有开创性的意义。

培训又是如何创造问题的?

首先，我们需要一些具备创造力的听众，坦率地说，从很大程度上，听众的质量决定了培训的质量。在培训现场，你会感受到两股力量，一股来自培训师，另一股则来自听众，后者将完成终端创造，终端并不意味着终结，而是一系列再创造的开始。培训师富有创造性的提示加速他们的思维活动，于是，魔法开始了。你一定见过那些在课堂上凝神深思，随之面露会心笑容的面孔，也许你正是这样的人，真是妙不可言的经历，不是吗? 没有什么比让思想熠熠生辉更让人神清气爽了。我们会在最后一章从行为的角度深入讨论这个饶有兴趣的关键问题。

从社会发展的规律看来，突破的力量总是从人力资本链条的尖端产生，尽管人们希望所有人都能做出了不起的成绩，然而现实却是：我们必须尊重就高不就低的规律，起主导作用并提供决定性力量的只能是少数人，他们创造力超群，肩负着比大多数人更重大的责任和使命，他们将承担先驱和领军人物的角色，他们当中的一部分也许会成为名人，但那并不是因为他们想要成为名人，或者基于对优越感的追求乃至虚荣心的满足，而是出于人们对他们付出的巨大努力和牺牲的肯定与尊崇。他们的目标一定不是制造阶级，而是为更多的人谋求更加广阔和美好的未来。

协助他们完成这一了不起的成就的人，正是培训师。

第三章

培训师演绎

“21世纪的职场黑马，名利双收的钻石职业”，这是户外广告牌上对培训师的描述。对于梦想成为培训师的人来说，它像芥末酱一样激昂；对于培训师而言，是一段凤凰涅槃般的历程。现实中的培训产业和其他新兴产业一样，具有鲜明的时代烙印。现在，人们有了更多择业的自由，土木工程师的后代成为生物学家，牙科医生的子孙成为运动健将，大学毕业生跨专业就业，职场人士跨行业转型。对于那些目标明确的人来说，琳琅满目的选择提供了更多的可能性，其他人则陷入了不知如何选择的困境。在这种情况下，感性决断成为唯一的方法，一些行业因此成为不明不白的选择，草率选择的结果不仅对行业的健康发展造成干扰，也对择业者的个人成长形成了阻滞。

过去的十几年间，人力资源管理成为人们关注的热点。在他们看来，这是一个无可挑剔的行当：不需要苛刻的条件，听起来高高在上，做的是管理工作。一个大学生坦言：管什么不重要，重要的是居高临下的感觉。毫无疑问，在大多数人眼里，人力资源管理已经成为一个中性的词汇。在过去的几年里，每个月都会在网络上收到数百个关于人力资源管理工作的咨询，绝大多数提问者是大学生，他们对这份想象中的工作充满了甜美的憧憬和坚定不移的热情。问及选择的理由时，答复往往是“我钟爱这份工作”或者“我觉得自己适合做这样的工作”，这些理由像糯米纸一样靠不住，我更愿意相信他们做此选择是因为人力资源管理工作既不是纯粹的后勤工作（在很多人的印象里，这类工作大多由中老年人承担），又贴合了时代发展对于人才需求的表现形式。更重要的是，它不必像销售员面对客户那样承担直接的责任与压力——这才是他们的真实想法——正因如此，既不必因为从事“二线”（针对传统的后勤工作而言）工作被世俗蔑视，又可以躲开残酷的竞争，还可以披上光鲜的时代外衣。换言之，人力资源管理是逃避现实压力的同时又能满足虚荣心的最佳选择。这并不奇怪，你会看到他们在特定的时间出现在社保中心和人才市场，在月底之前校对好工资报表，经历从生疏到娴熟的过程；在那些有过几年工作经验的人的文件柜里，还能看到诸如绩效管理项目策划书或者培训计划之类的文件。这一切对这个行业的发展没有任何实质性的价值，人力资源工作者们只是日复一日地重复这些操作而已。

现在，培训行业面临着同样的问题。很少有其他职业像培训师这样在备受推崇的同时饱受诟病，越来越多的人想要成为培训师。在这些人当中，有多少人具备成为培训师的可能？在直接触及这个职业以前，有一个问题值得研究：人们为什么想成为培训师？

第一节　动机种种

搜索引擎上每天都能看到大把关于培训师的提问，这些问题来自中等专业学校的毕业生、想要提前充电的在校大学生、面临就业压力的研究生、不满现状预谋跳槽的白领、以匿名方式提问的培训师以及想从事培训行业却找不到入口的职场人士——他们的行业背景非常丰富：地产公司的销售员、保险公司的骨干、幼儿教师、人力资源经理、项目主管、4S 店工程师等。如此多的来自社会各个领域的人们对成为培训师的热切愿望并非都是在理性的思考之后做出的选择，个中理由和他们的职业一样复杂多样。

动机一，利益驱动。各种夸张的宣传成功地把追求暴利的目标引向这个领域，仿佛这是一条快速致富之路。在很多人的印象中，培训师等同于印钞机，他们凭借三寸不烂之舌轻而易举地获取巨额财富。这个印象可以让相当一些脑袋变得和钢水一样烫，他们并没有意识到培训师应该拥有什么样的人力资本价值便草率行事，结局可想而知。一些人带着壁炉般的热情和掩饰不住的骄傲走上讲台，激昂亢奋地挥洒着冲动。这样的场景每天都在上演，每天都有人倒在追逐豪宅香车的美妙憧憬中。

很多现象都可以解释为什么越来越多的人对此执着到失去理智。

在事实面前，仍然有很多人觉得问题在于自己的决心不够坚定，并且很自然地认为只要坚持不懈，就一定会有收获。这些语法在听众的反馈中高频出现，并不只是因为他们受到了某种误导，更深层次的原因是对于富裕生活的渴求。不过利令智昏，他们忽视了最不应该忽视的东西：如果他们稍许借用波特的理论，就不难想到如果自己能做的事其他人同样能够做到，甚至做得更好，自己的优势便会瞬间蒸发。错误的认识催生了一大批显然不适合成为培训师的群体。在金钱的诱惑下，他们像打了鸡血一样青筋暴突，双目充血，不顾一切。

急功近利之举成就了另外一群人。五年前，一个年轻人决定投身“培训事业”。他毕业于著名学府，博学多识，才高八斗，并以口才出众深以为傲。他制订了周密的成名计划，对自己将要成功的结果深信不疑。此后，他在各地的公开课和培训场所频频亮相，把精心录制的培训视频发布到互联网的每一个角落，他的十余个博客每天都会更新，并且在各种管理论坛上发表见解。开始的半年间，他的努力得到了响应，这极大地鼓舞了他的斗志。接下来，一个与电视台合作的专业机构打来电话，洽谈合作事宜。想到可能一夜成名，他决定放手一搏。一个月以后，他用东拼西凑的十余万元交纳了宣传费。当他在书店里目睹自己的光盘根本无人问津的时候，才找回久违的理智。半年后，他坐在上岛默默地啜着咖啡，激情与傲慢荡然无存。计划不谓不周密，执行不谓不高效，结果却是一败涂地。他不会是最后一个牺牲品，每一天都有和他一样甚至比他更加激进的年轻人加入这个行列，他们所做的仅仅是选择一个错误的方向，然后在那条从来就没有看清过的路上奋力拼搏，越走越远。问题在于，在心智模式成熟以前，他们无法意识到这种代价有多么高昂。他们的所作所为，就像一只精力过剩的兔子跳下悬崖，得到自己原来不会飞的结论一样愚蠢。他只是我所见过的诸多培训追逐者当中的一个，他们希望通过媒体营造公众影响力，变得家喻户晓，就像那些享受红毡铺地待遇的影视明星。现实却是：并不是每个人都能够通过同样的平台取得同样的收获。你一定还记得他那些横溢的才华，难道这些才华不足以支撑他成功吗？关于这一点，你可以在羽毛球馆里找到提示，那里总有一些人能把羽毛球玩得很花哨，却没有一个能够走进专业赛场。他们可能悟性不错，甚至能够做出专业的动作，却不具备职业运动员的身体素质，本质上的差别形成了能力的鸿沟，也注定了他们只能借此强身健体的事实。

动机二，迎合新时期培训在企业中的发展趋势。越来越多的企业在组织构架中赋予培训新的角色，一些经济发达地区的大型企业里首先出现了与人力资源总监并驾齐驱的培训总监，这些现象不仅说明智力资本的重要性正在迅速凸显，从另一个角度来看，相对于人力资源这样花钱不赚钱的职能部门，培训更有可能获得发展的前景。有一件事是毋庸置疑的，在工业文明的背景下，对企业赢利无法形成直接助力的部门不可能成为核心，这也是营销部门和其他部门矛盾的来源，这种矛盾一直是企业各级管理人员挥之不去的阴影。企业对于培训的另眼相看改变了一部分人的职场规划，促使他们向培训靠拢。

智力资本的传承从来没有像今天这样对保持企业的生命力举足

轻重。在中国，知识管理已经经历了数代进化，为了尽可能减少由于人力资本的流转形成的真空，一些新的岗位从职能上被逐渐分化出来，培训便是其中之一。无论就组织肌体还是利润链条来说，培训都扮演着不可或缺的角色。这并不是新的需求，从模式上讲，它甚至比企业产生的年代还要久远得多；从形式上讲，它更像是人力资本在实践中的凝聚。那些活跃在组织关节上的骨干和精英顺理成章地成为执行这项工作的人选：售楼冠军讲述如何根据皮鞋撞击大理石地面的声响推断顾客的财力进而计算成交的概率，西班牙大厨传授怎样把山鹑煎烤得脆嫩多汁，岗位能手告诫新人所有可能导致缫丝打结的错误操作，直到它们像不能碰高压电线一样被牢牢记住。这些培训将保证披肩光亮柔滑，不会因为鸡皮疙瘩一样的手感而滞销，而那些没有去过安达卢西亚的人们也能在醇厚热烈的口感中品味伊比利亚的奔放与率真。

在企业里，培训既是提升人力资本价值最直接的方式，也是各类成本的交集。对于很多企业内部的培训师来说，准备工作并不比导演少，相应地，他们肩负着更重大的责任。尽管如此，他们仍然乐此不疲的另一个原因是这个角色更像企业的代言人，这一点，从新员工座谈会上资深员工的发言里同样可以得到印证。

动机三，满足表现欲与追求优越感。表现欲是人与生俱来的欲望，它的来源被赋予了各种推测。在最初的原始生活里，人们必须尽可能把自己隐蔽起来，以免受到食肉猛兽的伤害。只有在确认占据了主导之后，这种欲望才会被真正释放出来，躲避敌害和追逐猎物的区别便在于此。男人们在猎杀活动中的出色能力会带来全族的敬畏，并因此占有更多的生存资源，这会激励他们投身更加危险的活动。然而，即使是最勇敢的战士，在野外追踪猎物时也必须时时注意观察，高度警觉，以免成为其他动物的猎物。这种行为逐渐形成发现周围环境中看起来不一样的部分的习惯，这种习惯是集成在遗传物质中的重要信息之一。时至今日，它仍然能在各种——哪怕是最复杂的社会行为中被看到。推销员不能向他的顾客充分展示出产品的优势，男人不能向钟情的女人展示她最重视的特征，都将错失良机。人们从出生开始，就对身边的改变保持敏感并致力于追求与众不同。有很多词汇用来描述这些行为的表现，例如天才、杰出、精英、优势、自负和竞争。

这种以追求不同来获得满足的情愫一旦发酵，便会成为优越感。自恋是优越感最常见的体现，嫉妒则是在相反情形下的应激反应。女人们在谈到自己的孩子的时候，会使用很多夸张的描述和意义强烈的词汇，如果不能获得热烈的响应，便会拿其他孩子作为对比，如果对方仍不知趣，这场谈话就将不欢而散；学生们因为得到了满意的分数而趾高气扬，他们希望教师能在公共场合尽可能多地提及此事，因为成绩不佳者的沉默更能使他们获得心理上的满足；即使是那些尽量带着平静的表情劝慰失败者的胜利者，也很难让对方察觉不到他试图隐藏在同情背后的骄傲与矜持。

孩子们对于如何博得关注无师自通，在那些气氛不和谐的家庭中尤为明显，他们甚至会制造出格的举动以引起长辈的关注，借以获得存在感和归属感。而在哪怕最简单的游戏中占据主导地位的孩子，总能获得比其他玩伴更充分的满足。这种满足让他感受到能够左右其他人的优越感，除了那些指导倾向较弱的性格以外——比如亲善型，对这种掌控的追求将贯穿人们的一生，并且以各种形式表现出来。在这个视角上，吵嘴和辩论并没有本质区别——为了获得占据主导地位的快感并令对方对自己产生归属感，虽然结果往往并非如此。

除了大学以外，教师很少能获得优越感。成年人获得优越感的前提是类比对象具备同等智力水平，否则就会显得索然无味。在人类历史上，大多数人的注意力集中在少数人身上的时候，往往是因为他们特殊的身份和影响力。不论是在真实的历史事件还是富有浪漫色彩的传说中，他们都是备受瞩目的角色。族长、国王、炼金术士以及各个领域的杰出人物都是代表，当然，还有英雄和通缉犯。普通人将自己无力而为却又渴望实现的目标寄托在英雄身上，这使得英雄不仅勇不可当，还获得了左右人们情绪和行为的能力。这种凌驾众生的感觉接近于神。当没有人可以担此重任时，便会出现类似图腾的希冀凝聚之物。在非洲和美洲的很多文明里，至今还保留着这一类习俗。类似的形式，在一神教和其他宗教中也很常见。

培训师的行为正是发生在这一形式之下，至少表面上如此。遗憾的是，很多人因此把培训师归入可以获得优越感的职业群。他们热衷于把自己包裹在纯毛料的高档西装和挺括干净的硬领里，陶醉于无忧无虑的夸夸其谈之中。他们对自己的着装细节颇为得意，希望更多的人注意到锃亮的皮鞋和昂贵的真丝领带。他们甚至会模仿电影明星或者艺人的肢体语言，对受到观众喜爱充满了渴望，这种心理状态更像是希望成为万人迷的自恋狂。由于对外在的关注多于内在，危险也随之成倍增加。他们无法忍受观众的意见和自己相左，并在人们提出相反意见时因为无法承受建立美好形象的自信心被摧毁的打击而情绪失控，溃不成军。这一类培训师真正的危险在于误解了培训的意义，他们忽略了一个事实：如果想让成年人接受新的习惯，必须要有足够充分的理由。这种不计后果的作为，正是源自对优越感的偏执。

自我吹嘘是获得优越感最苍白也最常见的手段，在没有成年的时候，孩子们通过吹嘘父母亲友和那些引以为豪的伙伴获得优越感；成年以后，他们开始自我吹嘘，然而并不是每个人都有值得骄傲的过人之处，于是他们把这种吹嘘转移到那些声名显赫或者能力超群的人士身上，并且试图与之建立起某些不平常的关系。这样的情景在人群密集的餐厅更容易见到，它们大多出自不得志的职场人以及投机者之口。与虚荣心不同的是，优越感是有意识地织罗事实而不仅仅出于维护尊严。

动机四，作为解压途径。这个动机来自对于改善自己在企业里生存现状的渴望。假如让上班族挑选一种色彩用来代表早上醒来时的情绪，灰色被选中的概率会很高。刺耳的闹钟宣告沮丧的一天开始，地铁和公共汽车上挤满了阴郁焦灼的人群，他们不得不忍受狭小的空间里各种体味、香水、发胶和街头便捷早餐的混合气味，这种不快就像埋在油桶里的炸药，让早晨成为最可能爆发冲突的危险时段。他们以这种方式分散到城市的各个角落，直到晚上又以同样的方式完成迁徙。

职场上的每个人都在承受着各种形式的压力，有的来自行政差别，有的来自人际关系，有的则来自低劣的情商。不论是哪一种都会使人感到压迫和不快，这种压抑就像逡巡不散的积雨云，成为现代人最希望摆脱的状态之一。绝大多数成年人很难从这种状态中摆脱出来，他们每天都处在对工作或者具体事务不测的结果的紧张、忧虑、困顿和神经质之中。然而，却没有多少人能在任务完成之后获得真实的满足。打印机油墨、西装干洗剂、空调机、塑料、橡胶和皮革的气味混合了每个成员的信息素，诱发办公室里应激性的工作行为。直到神情恍惚地走出写字楼呼吸到清爽的空气，人们才意识到，自己又度过了糟糕的一天。更令人懊恼的是：他们清楚地知道明天仍将如此度过！

在企业里工作意味着远离自主的快乐，职场人的对策往往是在理想和现实中进行比较，这是个具有普遍性的命题。他们纠结于萌生这种念头必须比较机会成本，结果往往以屈从告终——没有什么比这种结果更能产生挫败感！

企业并不能为每个人提供迅速改善现状的机会，于是，形式上更为自由的培训师成为解决这一难题的理想角色。正因如此，在前来咨询的人当中，绝大部分在毫无依据的情况下便宣誓般坚定地断言自己是成为培训师的不二人选。你可以鲜明地感觉到他们迫切希望摆脱现状的愿望。实际上，当他们下定更换工作环境的决心之后，这种欲望就会立刻减弱下去。

第二节　形形色色

关于培训师的类别有很多种说法，人们习惯于按照行业、性质或者社会职能加以区分，于是有了人力资源、质量管理、公关营销的分类。这就像从不同的角度观察同一个不规则物体。如果根据传统的分类方法，这些分属于不同领域的培训师并不具备可比性。人们必须找到一个合理的方式来区分培训师的质量。从现实意义上讲，这个标准的模糊造成了培训市场的混乱。

在传统培训领域中，培训师有严格的领域划分，这和他们的工作环境有密切关系。人力资源培训师大多来自人力资源中高层，营销培训师大多来自保险销售行业，质量管理培训师则大多来自生产制造型企业，这是一条基本的成长路线。这条路线并不局限于方向，还直接指出了行业经验的重要性。对于那些刚刚走出校门就想成为培训师的大学生来说，这不是什么好消息。如果他们希望成为培训师，就必须耐住性子完成足够多的社会实践。然而他们必须清楚：工作年限和是否能够成为相关领域的培训师并没有必然联系。在成长为培训师之前，他们还要解决两个重要问题：职业方向和职业规划。工作经验之所以重要并不在于在企业里领多少年薪水，而在于实践性活动的含金量，这取决于实践的结果是体验还是启发思考。

在企业里，大多数员工把不犯错误作为首要律条，他们可以年复一年地在同一个岗位上做同样的事，并且对能够在双休日睡个懒觉充满幸福感。他们最大的安慰，在于第二天上班的时候不会接到人力资源部的解聘电话。而那些假期和郊游，可以真切地加倍他们的快乐。这种实践并不能让他们成为培训师，而最多成为讲授如何不犯错误的讲师，虽然这同样很重要，但已经不在我们的讨论范围之内。这一章我们会从传统培训的角度说明关于培训师的一些事，这样做只是便于理解，在下一章中，我们将从另一个角度对培训师的类群进行分析。

一个网络工程师可以用一个月的时间记住汽车维修的大多数概念，但是并不能完成相关培训，即使他的听众是行政助理，如果换成业内人士又当如何？一个二十五岁的4S店汽车维修工程师雄心勃勃地向我讲述他是如何在门店的小组练兵中勇夺第二名，他的理想是成为汽修培训师，帮助更多的人。真是个不错的主意，问题出在实现这一目标需要花费的时间上，我的规划是五年，他则是一个月。人们习惯高估自己的能力，特别是当他们取得成绩以后，这是最常见的错误，在这个问题上，培训师堪称代言人。在北京的一次公开课上，一位身着灰色花纹西装、头发根根抖擞、身材粗壮的培训师用了一个小时时间渲染他了不起的新发现，在他的宣传册上，写满了斗志昂扬的标语和悬念十足的词句，整个宣传册设计得体，充斥着贝克街的味道。在他认为做好了足够的铺垫，像发现新大陆般展示出让人揪心的新发现的时候，教室里爆发出无可奈何的笑声——一条尽人皆知的经济学原理。我难过地看着他满头大汗地提高音量，引用一条又一条名人警句，拼命想要挽回颓势。然而为时已晚，口若悬河已经于事无补：他彻底乱了方寸。对于普通人，这个发现也许的确实现了某种突破，你甚至可以想象他因此亢奋了很久。不过，他对于思想高度的判断找错了参照物——敝帚自珍必然贻笑大方。

这个例子很具有代表性，希望为别人提供帮助的人很少受到质疑，人们更愿意相信这是基于善意的动机。对于那些资本雄厚的人来说，也许的确是这样。那些资本不足的人则希望通过帮助他人获得优越感。这两种截然不同的动机的差别在于思想高度不同，对后者而言，帮助意味着心理位差，在那些身陷困境的人身上体现出来的地位不平等正好可以构造这种落差，促使他们这样做的直接原因是在其他活动中无法获得足够的优越感。这种情况除了发生在那些惯于盲目自大的人身上，还经常出现在高不成低不就和意识混乱的职场人身上，从本质上说，这同样是一种希望获得价值感的欲求，他们需要这种并不坚实的满足以填补内在的空虚。

由此看来，衡量培训师的水平并不能仅仅依靠表象，我们需要一个更有穿透力的标准以澄清混沌。这个标准并不是如何规范地使用肢体语言，或者会使用多少种培训手法，而是脑力水平。对培训师而言，没有什么比这个更重要。脑力水平有多个角度的体现，核心是思考力，而思考力正是培训师的立身之本。

按照这个标准，我们得以从更清晰的角度重新认识培训师是一个什么样的职业以及平庸培训师和优秀培训师的巨大差距。

模板型培训师。一大半的培训师属于这个类别。模板型培训师在企业里扮演着必要的角色，他们的工作是企业常规工作的一部分，新员工培训和常识类培训是主要工作内容。他们肩负着为企业削减管理成本的任务。这实在不是一件轻松的工作，一旦出现问题，他们将承受直接上级和用人部门的双重压力。他们的工作简单之处在于操作直接和相对固定。授课教案、知识结构、培训形式、培训内容都必须符合企业要求，并且不折不扣地完整实施。这也是为什么把此类培训师称为模板型培训师的原因所在。这个类型的培训师最大的问题在于无法获得足够的自主权，他们必须确保培训教室里的每一个安排都不会给实际工作带来麻烦。如果员工无法达到岗位职责的基本要求，培训师就会受到指责。模板型培训师对领域外的知识了解不多并不会影响他的工作成果，他们只需要让员工理解，为什么他们要这样做，这样做有什么好处或者如果不遵从会招致何种处罚。从行为上来看，他们是在建立规范和标准，以确保每个员工的行为符合企业正常经营的要求。

例如，在餐饮服务行业，酒店员工在入职培训中学会使用各种设施，岗位培训则明确地告知他们该怎样做。在这个过程中，服务员必须接受服务技术培训，学会布置餐厅、人性服务，传菜员则需要锻炼强健的臂膀和灵活的腿脚，以防和铁板鲈鱼一起摔向餐桌。

虽然模板型培训师只承担企业中一部分培训工作，却是很多优秀培训师的起点。

单宁型培训师。作为培训师的入门形态，这个类型的培训师最大的特征就是活力丰沛。由于知识结构单一，专业知识零散，他们大都具有旺盛的求知欲，勇于尝试接触到的所有培训方法。这个阶段鲜有触及培训本身的情形，更多的精力放在对于方法的理解和运用中。单宁型培训师就像青涩的果实，外形已现端倪，内里并不成熟。他们热情洋溢而理性不足，学习力强劲却缺少依托，这源于急于取得进展和认知模糊之间的矛盾。一个普遍性的现象是：大部分关于培训的疑问在这个阶段产生，在结束讲台上的意气风发之后，他们常常陷于思维混乱的痛苦之中，这种痛苦源自对培训认知不足以及对未来的迷茫和担忧。如果此时外部环境发生变化，很可能会改变他们的思想，很多培训师就是在这种不明确的状态下草率地做出选择。他们的视线一般会转移到当时最为流行的培训流派上去，对他们来说，当不知道如何选择时，追随潮流就是最好的选择。他们宁愿相信这种并不成熟的选择的一个重要原因，在于可以因此避免陷入更深的迷茫。从成长的角度看来，这是一种放任，事实却并不像他们期望的那样，那些曾经狂热地追逐催眠、心灵训练和一夜之间大红大紫的、名目繁多的培训形式的培训师们，也随着潮流的退去重新迷失了方向。

在所有类型的培训师中，这是最不稳定，最有可能出现分化的一类。与此同时，由于入门阶段并没有特别明显的行业特征，出现了三条具有代表性的培训师进化谱线：一些人在经历了相当长时间的思想斗争后，仍然无法找到合适的发展路线，断然放弃培训而转投他路；另一些人同样存在迷茫，但希望破解的欲望并不强烈，如果工作环境稳定，欲望便会渐渐消退，他们会停留在这个阶段；最后的少数人会把这种探索继续下去，不论出于什么原因，他们都无法忍受这种没头没脑的混沌，他们当中的一些人会在持之以恒的探索中获得进入更高层级的可能性。

沉淀型培训师。这种类型是培训师走向成熟的过渡状态，和单宁型不同，这个阶段的培训师大多拥有比较系统的知识结构，这并不等于宣告知识体系已臻完善，一个沉淀型的培训师很有可能系统地掌握了社会认知心理学，却对系统动力学一窍不通。请不要把这种情况和对知识领域的选择混为一谈，警察不懂天体物理并不会影响执勤，但他必须既懂法律又懂心理学。知识结构不均衡对于沉淀型培训师并不是关键问题，因为他们已经能够对如何获取和积累知识进行相对理性地判断，这种能力最重要的现实意义在于他们得以由此进入资本的原始积累阶段。沉淀型培训师开始有意识地进行知识管理，也正因如此，尽管他们并不具有知识和技术的优势，却具备了使培训师走向成熟的那些基础意识和基本能力。这个时期的问题开始变得更加现实的原因是思考维度的扩展和注意力的集中，“脑容”也会随之增加，这个过程往往会持续相当长的时间。沉淀型的培训师已经在与本职工作密切相关的方向找到了感觉，却并不确定其合理性。他们不再满足于企业内部的培训工作，逐渐意识到方法和形式无法提供更实在的帮助，随之开始有意识地到各种场合听取培训，在感受不同风格和不同思维模式的同时，探求那些悬而未决的问题的答案。而在此期间，广泛接触培训活动将帮助他们选择合适的风格、圈定培训范围。

中国有句成语叫作饥不择食，尚处在沉淀阶段的培训师经常会因为耐不住寂寞而草率行动，这些欠思虑的举动自然不会收到理想的效果。实际上，极度饥饿会让精力被迫转移到追求消化道的充实感而非味觉上，对于消化道来说，暂时的味觉失灵可能会导致糟糕的后果。在集贸市场里，你可以遇到两种人，一种对所有食材感兴趣，另一种只对某一类或几类表现出偏爱，如果多观察几次就不难发现，他们很少超出这个范围。在现实中，前一种人并不多见，他们不挑食的原因可能是先天身体素质良好、重视营养均衡或者味觉迟钝。后者则占绝大多数，在他们的一生当中，会对某些食物避而远之，有些人不吃肥肉，有些则忌食海鲜，这并非习惯问题，而是进化过程中的自我保护行为。并不是所有的人天生就知道哪些食物不适合自己，在那些偏食者当中，大部分都有过敏史和食物中毒的经历。沉淀型培训师必须尽快弄清楚哪一类培训适合自己，为此付出的成本往往是高昂的，但很值得去做，因为这直接关系到他能否顺利进入下一个层级。

专业型培训师。需要明确的是，“专业型”是针对领域而言，而并非脑力。一个礼仪培训师，既有可能是专业型培训师，也有可能是沉淀型培训师。这个级别的培训师位于成熟类型的最边缘，这主要是因为评判标准针对培训内容而不是培训师。此类培训师大多对自己擅长（或者能够）培训的领域持明确态度，并且开始在课程大纲和课程内容上付出真实的努力。那些仍然对自己的选择缺乏信心而显得游移不定的培训师一般会把通用内容作为选择，这既是一种无奈之举，也暴露出缺乏自知的缺陷，他们在诸如沟通技巧之类的通用课程上并不能产生真实的亮点。曾经有一位处在这个阶段的培训师告诉我，他总是无法对自己的课程打起精神。专业型培训师大多接受过一定程度的训练，手势标准，语音考究。他们对培训很在行，这得益于本职工作和专业培训技术的原始积累。他们中的一些人具备非常扎实和高度系统化的知识体系，其中不乏技术高明者。

专业型培训师的活动范围不再局限于企业，高度专业化的素养让他们得以在行业内施展所长，比如那些绩效管理、团队建设或者逆向营销专家。值得注意的是，这也是同质化最严重的阶段，企业最头疼的事情无疑是备选的专业型培训师看起来都有直系血缘关系，近亲结合的产物正在迅速失去信任。造成这种局面除了培训师的职业操守缺失之外，主要原因在于对知识的利用过于粗放以及急功近利。这也注定他们和下面这几种类型有着本质区别。

职业培训师。这是一个以社会为背景的群体，完全摆脱了企业的职能限制，在成为职业培训师以前，他们大多有丰富的企业经历和出色的业绩，并且在某个领域表现出非同寻常的敏锐。使这个群体与前面几个类型得以区别的特征是摆脱了行业的限制，这并不意味着他们会愚蠢到开发跨领域的课程，而表现为关注点更多地向培训本身倾斜，对于知识结构和高度的要求更为苛刻。职业培训师以培训作为事业，在理论、实践、技术、形式上拥有雄厚的资本，他们能够在构建知识体系和拓展视角方面实现高度自主，即使是在深刻的判断和严格的选择之下，他们的涉猎范围也相当广博。职业培训师是名副其实的领域专家，这体现在他们精深的领域底蕴和富有创造性的独到见地。从角色上看来，职业培训师大多是开拓者，他们的见解为行业下游提供营养，他们的创造力会从某种程度上影响下游所有类型的培训师，作为第一种能够“自创武功”的类型，职业培训师构成了培训行业的中坚力量，他们的另一个不容忽视的贡献是把那些繁复抽象的理念转化为实践。素养全面、综合能力高超使得进入这一层次的门槛相当高，这一点决定了职业培训师的数量非常有限，这也是培训行业的混乱局面长期得不到改善的主因之一。

国际培训师。职业培训师继续向上发展，便会出现这个群体。这是在全球文化融合的大背景下的必然演进。与前面几种类型相比，国际培训师的工作结构呈现出明显的不同，研究在所有工作中占据了相当大的比重。这并非表明他们是纯粹的研究家，而是知识底蕴和阅历实践极大丰富的情况下追求更高层次的体现。毫无疑问，国际培训师不仅拥有全球化视野，也在行业发展中拥有更高的格局。自然地，要做到这一切，国际培训师大多精通数国语言。突破了语言障碍，他们得以时刻掌握最前沿的信息，对于新兴理念和技术的把握使他们成为最具有时代色彩的类型。他们的作为会对整个行业形成可观的影响，如果说这是一群能够左右培训行业潮流的人也毫不为过。国际培训师是培训师群体中第一批能够真正与国际接轨，具有全球化特征的高端人群。虽然这个名称在很多皮包公司的广告里并不罕见，绝大多数却名不副实。现实中，国际培训师的稀缺程度堪比红钻。

培训艺术家。当知识和技术达到顶峰之后还会发生什么。对于培训这种艺术形式来说，培训师的天赋固然非常重要，最重要的天赋还是将培训艺术转化为现实的能力。这个过程当然不会是外表美观那么简单，一次把艺术内化到培训中的经历会让人终生难忘。如果你能想象那些震撼人心的演讲只是运用了构成培训艺术的众多要素之一隅，就可以揣测培训艺术的魅力有多么巨大，它不一定是狂热的，却必定会赋予勃发的力量历久弥新、永不枯竭的生命力。培训艺术家是兼具思想家、教育家和艺术家特征的行为学家。他们将引领培训行业的发展方向，扩展发展维度，促进与其他学科的交流与融合。而这一切，将以历史和文明的宏大格局作为背景。

接下来还会有什么很难说，在那些足够高的水平线上，是否还会出现培训思想家或者别的什么，都是站在未来看现在时的设想。眼前的问题是，我们身边的培训师们看上去越来越相似。

第三节　经验主义与进化危机

经验主义已经成为遏制培训行业成长的骨干力量。

很多培训师开发课程的第一步是到搜索引擎上寻找课程纲要或者相同主题的培训视频，这真是个糟糕的开始，对于他们当中的大多数而言，此举的目的并不是借鉴，而是抄袭。一位中年培训师告诉我他这样做是因为那些成熟的、有名望的培训师的课程是标准课程，不可以随意偏离。成熟和有名望的衡量标准也许有很多种，不过在中国，年龄绝对是最显赫的标尺。在人们的潜意识里，年龄高迈意味着阅历丰富，经验雄厚，而经验对于中国人的为人处世尤为重要。

数千年来，中国人养成了崇拜历史的习惯，自然而然地认为辉煌和鼎盛的时代存在于过去而非现在。这种历史退化观一方面是因为封建社会统治时间长久，另一方面在于特殊的地理环境。得天独厚的地理位置成就了一个农业大国，广大的地域跨越了无尽的山川原野，在地形图上，没有任何一个国家像中国这样拥有如此丰富的地形地貌，这为思想文化的碰撞和交流造成空间上的阻碍。而对于农夫来说，远游是最大的风险，靠天吃饭就要顺奉天地，五谷是维生的倚仗。为了生存，农夫们必须把全部精力投诸在耕种上，错过一个节气就将造成无法挽回的损失。在他们眼中，祖辈的阅历弥足珍贵，想要获得丰硕的果实就必须遵循上一辈的训诫，这种行为被世代继承下来。在今天的乡村，我们仍然可以听到那些关于天气变化、节气更替以及气候特征的古老谚语。正因如此，经验毫无争议地位列诸多财富之首。历史退化观牢牢统治着这个古老的国度，关于这一点，我们可以毫不困难地在身边找到各种表现。

中国人最喜欢做的事情之一是回顾过去的闪光时刻，在“好汉不提当年勇”的背后，却是抱着当年勇死不放手的顽固。在那些尽人皆知的武侠小说当中，所有最令人震惊的武功绝学只能来自已经逝去的大师，他们大多根本不会出现在任何一段具体的描述中，却可以靠一本和汉谟拉比法典一样古老的书统治整部小说。当然，也包括那些神秘色彩十足的武器，而他们的制造者，同样已经作古数百年。在中国，出现频率最高的电视剧都是古代题材，宫廷剧和武侠剧一部又一部不知疲倦地拍摄。在这些电视剧里，演员们不遗余力地渲染复杂的人际关系，观众在跌宕起伏的情节中体验着情感的变换，在动人的段落流下眼泪，在恶人得到惩罚的皆大欢喜中获得快感，导演和编剧必须把情节铺设得尽可能曲折，并且在他们认为机巧的环节布置悬念和转折，如果情节的转换不够猛烈，就会被认为有失水准。电影工作者则在背景和场面上大做文章，他们不惜血本地制造看起来非常刺激的场景，用色彩和规模支撑干瘪的情节，在电视剧和电影的结尾，我们常常可以看到被草率处理的痕迹，不是情感三角中多余的一方风风火火地逝去，就是万事不备、突如其来的全面逆转，就像穿着晚礼服的人配了一双拖鞋。除了感情的波动，这并不能为观众带来什么实际的教益，如果观众渴望娱乐已经到了不得不靠那些缺少精神支撑的方式来解决的程度，不能不说是件可悲的事，一旦潜意识里失去了坚实的追求，人们也就不再拥有真实的快乐。

在我们忙着回顾过去的时候，另一些人已经在展望未来，科学幻想题材的影视作品正在大洋彼岸此起彼伏，大行其道。在过去的几十年里，每当一部糟糕的中国电影遇到同样糟糕的外国电影时，更卖座的往往是后者。这可以理解为什么同样简单的情节，后者的表现却总能制胜：西方人用想象力作为支撑，我们有的仅仅是景观。

古斯塔夫·马勒曾说过："传统不是对灰烬的膜拜，而是薪火的相传。"

中国拥有伟大而古老的智慧，而今，西方国家"向中国取经"的说法正在让一部分中国人陷入自我崇拜的美好感觉中，好像这些智慧真实地属于他们自己一样。和文明史上那些最了不起的事件一样，这些伟大的成就只能说明过去，我们唯一能做的是在此基础上创造更恢宏的高度，而不是坐享其成，这就是守护者和继承者的区别。一个白手起家博取巨额财富的人如果能拥有正确的世界观和价值观，就有可能成为了不起的精神贵族，此时此刻，他眼中的精神世界是坚实可靠的；无所作为却妄自尊大的人标榜的精神贵族只是对于成功者的嫉恨和为自己的好逸恶劳不思进取罗织的"遮羞布"。智慧不会被世袭，除非被持续创造。

那些打着爱国主义以及类似应激反应般宣称痛恨崇洋媚外旗号的人并不具备与癫狂的忠诚相匹配的智慧，也无法提出富有建设性的见解。任何只是基于情感的辩驳都是苍白无力的，真正的智慧不会因为血脉而向任何一方倾斜，他们并没有意识到，西方人向东方学习的谦恭态度，正是理性和博大的表现。我们应该以公正的态度和探索的精神追求更高的思想维度而非致力于纠缠文化差异。

基于上述原因，经验崇拜成为水蛭般顽固的思潮，经验意味着在事情发生时有更多的选择，可是如果稍不留意，经验就会被固化成行为模式，一旦这个过程完成，就将成为干扰思维进步的最大阻力。那些因为经历丰富便理直气壮地打着“实战”招牌的群体滋生出最危险的培训师，他们的危险之处在于把个案当作普遍现象，这样做也许并非居心叵测，而是由于培训师本人对于经验的认识不够客观，这是对“守株待兔”的完美诠释。

经验被非理性放大成就了野路子培训师萌生的温床。在现实中，年龄似乎成为衡量培训师的唯一标准，只要年轮数目足够多，不管实木还是朽木，都可能成为某领域的专家。这成就了一大批已逾不惑之年的培训师，在浅陋的目光里，一批又一批“实战”派的培训师就是这样鳞次栉比，应运而生。这群人正是彻底搅浑培训之水的罪魁，在一些追求暴利的皮包公司的策划下，一些濒临择世的人被送到国外，转了一圈回来后，便成为音像市场上的热门货。近些年来，既没有专业知识，又没有专业技术的野路子培训师自封一代名师的笑话屡见不鲜，比这个笑话更加可笑的是：拥趸们趋之若鹜。

除了一代不如一代的美好前景之外，另一个尴尬的事实是：培训师正在趋同进化。

进化路线之一是模式趋同。两年前的初秋，凌晨两点，一位培训师在从机场返回住处的出租车上给我打电话，他刚刚完成一场为期三天的培训，听筒那边的声音充满疲惫。他为打扰我休息感到歉疚但又别无选择，因为六个小时之后，他又要开始另一场培训。他迫切地希望我推荐几个威力强大又不为人知的培训游戏。对他的求助，我责无旁贷。然而这些难度很高的游戏需要充足的时间，想要运用自如则要消耗更多的时间，眼下的情形并不具备这个条件，拿着半生不熟的游戏做培训无异于自杀。短暂的思忖之后，我建议他舒舒服服地睡上几个小时，再来一顿丰盛的早餐，取消游戏，代之以开放性案例。他的反应一定吓了司机一跳，因为他几乎是立刻大声拒绝："那不可能，没有游戏怎么行!"

问题是，为什么必须有游戏才行？这不是有没有必要或者应不应该安排游戏的问题，而是认识问题。培训师们恪守着主流的培训模式，使他们相信更多的互动和游戏能营造更好的气氛的唯一理由是大多数人都这样做。他们受到了某种误导，误导的直接结果是形成了对于互动、游戏和哲言警句的过度依赖。事到如今，这已经成为很多商业培训的典型结构：开场煽动热情，转移注意力（注意，是转移而不是集中）；培训过程中使用大量哲言警句（虽然听起来很像那么回事，却没有一句话出自培训师本人之口），试图以此强化说服力；组织一个游戏，让培训现场的气氛进入高潮；不断制造语言互动，使培训双方看上去更亲密，节奏更紧凑。

如果对这个结构进行逐一解剖，就不难发现它是多么弱不禁风。

今天，仍然有为数众多的培训师在培训开场进行煽情，这个广为人知的"破冰"环节已经变成了麻烦的开始，问题就出在培训师莫名其妙的热情上，用这么笨拙的方式让听众强打精神，还要表现得和培训师一样快乐，和凌晨三点被拖出去跑百米一样惨无人道；至于哲言警句，如果你愿意，可以在午后的阳光下边喝茶边浏览《名人名言录》或者《世界五百强总裁语录》，这省掉了记笔记的时间，没准儿还真能记住几条箴言。广为流传的一个恶习是无聊的互动，甚至有些培训师在讲互动技巧的时候，把这种东西也作为准则，于是，一个新的流派出现了，即所谓“废话派”，他们不断地挑拨听众响应他的问话，而所谓的互动技巧就是问那些非是即非的问题，就像“狼是要吃肉的，对还是不对?”这些愚蠢的问题对培训毫无意义，你或许在集市上推销保健品的小贩口中听过这种伎俩，它们对于语速偏快的培训师来说必不可少，这是因为它们能够争取时间以便为下一句话做准备，如果每一句话都与上一句阐述不同的意义，培训师就会遭遇思维滞后于语言的困难。从效果上讲，这些废话能够避免叙述中断——就像看电视的时候突然停电，或者风光片突然没有了背景音乐，可是对听众来说，这实在是浪费时间。

至于培训游戏，虽然国内仍然有为数不少的培训师热衷此道，却无法改变其沦为鸡肋的趋势。游戏的作用无可厚非，然而它面临来自两个方向的问题：原创稀缺是最突出的问题，引进的游戏数量非常有限，按照门类划分之后，每个分支的游戏数量便屈指可数，拓展训练和室内体验项目已经尽人皆知，培训师像十年前一样运作这些游戏，却再也无法得到完美的结果。一些人试图通过更改细节让游戏看起来更有新鲜感，另一些人则干脆去寻找那些孤陋寡闻的客户，不论是哪一种做法，都无力从根本上改变窘境。另一个问题是游戏本身的局限性。作为一种特殊的呈现方式，在大多数培训中，游戏不宜作为主要角色出现，这从很大程度上是因为它是受到限制最多的表达方式。事实上，除了低端培训之外，培训游戏的拓展疆域所剩无几。令人啼笑皆非的是：曾一度有人认为这是培训界的新蓝海而创建了专门的培训游戏开发公司。他们忽视了一个致命问题：培训游戏并非用以解闷，而是名副其实的技术产品。一款优秀的游戏作品的产生需要的智力资本不仅雄厚，更要有创造性。缺少这个根本条件，结果必然惨不忍睹。而获得如此强大支持的产物，恐怕也早已超越了游戏的层次。

进化模式之二是内容趋同。没有什么比千篇一律的培训更糟糕，它至少说明了两个问题：一是抄袭和近亲繁殖已经成为培训师速成的主导模式，二是培训师群体普遍脑力不足，缺少创造力。关于第一个问题，我想不必再做赘述，第二个问题则反映出培训师正在成为最容易满足的职业群体，而这种脆弱的满足来自优越感。为数不少的培训师在潜意识里认为站在讲坛上比说什么更重要。在很多教育栏目里，我们经常见到这样的培训师，你能清晰地感觉到他们搜肠刮肚地试图把培训刻画得更有吸引力，通常的表现是像侦探剧一样设置悬念、像惊悚片一样讲述故事、用大彻大悟的语调渲染气氛，或者像公布遗嘱般语重心长地宣读箴言。值得同情的是，被奉若神谕的那句话往往妇孺皆知。在这样的培训现场，你可以放心地睡上两个小时，而不必担心会遗漏什么，除了勒着培训师脖子的那条真丝领带以外，没有什么是新鲜的。对于那些无所事事却又担心被冠以不思进取罪名的人们来说，这真是打发光阴的上佳选择。对于这些做梦都想成为明星的培训师而言，在荧光屏前看到自己光彩照人的形象就像在美餐之后接到总统任命电话一样妙不可言。

为图虚名而不择手段者越来越多，和那些裸奔或者所谓“后行为艺术”者相比，培训师可谓道貌岸然。他们衣冠楚楚，仪表堂堂。然而，对于外在的过分追求使越来越多的培训师变得只能看不能听。花拳绣腿云山雾罩，架势不小力道不足。一位培训专家曾经这样评价一位当红培训师：“三天不吃饭我能挺过来，听他讲三分钟顿感胸闷气短。”

培训师正在走向平庸，格局狭隘和目光短浅决定了这样的必然。

那些在讲坛上夸夸其谈的人忽略了他们面对的是有史以来最聪明的听众的事实。在这个人人自危的年代，没有人会停滞不前。这是一种巨大的威胁，培训师必须尽快想清楚为什么同样的内容听众非要听他演讲而不是坐在沙发上打开谷歌，如果是我，宁愿选择后者，至少还可以选择最舒适的环境而不是坐在人群拥挤的教室里饱受困倦之扰。

在公共场所演讲的时候，我总能看到一些热情洋溢的年轻人，充满斗志的神情告诉我他们准备在这里度过值得期待的一小时，如果对演讲者没有足够的信心，他们可能在半途退场或者干脆用这个时间逛街。很多人认为培训师是真理的代言人，他们所讲的每一句话都是被万千实践证实了的金科玉律，甚至培训师自己也会这样认为。在一次全国性的培训会议上，演讲的十位嘉宾里有八位在谈到培训和管理的关系时引用杰克·韦尔奇的话作为依据，除了这句话本身，我并没有听出这些来自不同省份不同企业的代表的阐述有什么差别。游乐场的游戏对心脏的刺激并不比拓展训练小；情感片制造的触动不仅深刻而且持久；听一场相声的成本和一只烤鸭相差无几，却能得到通彻的快乐。看来，要想取得这些效果并不值得花费那么多课酬，不是吗？事实虽然尴尬，却是活生生的：培训师把自己逼进了死胡同，如此下去，无戏可唱只是时间问题。

第四节　舍本逐末与角色认知

人类社会正在进入高速成长的年代。科学的进展加快了这一进程，并且提供了越来越大的加速度。人们得到的锻炼更全面，人力资源经理面对的求职者也比以往更精明。对于那些富有使命感和拥有抱负的人们来说，竞争力的衡量标准不再是是否好学，而是学习的加速度和质量。这是一群格外珍视时间利用率的人，他们有充分的理由对周围的一切事物进行判断，并用明确的标准进行选择。正因如此，当他们需要援助时，对培训师的要求便会更加苛刻。他们需要更富有创造力的培训师提供更独特的视角以便激活成长过程中的关键环节。培训师的智力资本已经成为赤壁东风，这个职业群体的质量正在受到更多的关注。一个不可回避的威胁在于，他们必须牢牢攥住成长的主动权，以保持领先。然而现实却是：培训师们正在争分夺秒地浪费时间。

在第二节里，我们已经把培训师的成长略加写意，从能力标准来衡量，专业型培训师和职业型培训师中间是分水岭。事实正是如此，从这里开始，每前进一步要付出的代价呈现几何级数式的增长，就像从主管晋升到总裁。在我们身边，正有越来越多的培训师被阻挡在这样的壁垒前面，他们有不错的行业经历和专业优势，还有一部分人成为各种进修班里的活跃分子。在那些真心希望投身培训行业的人身上，有种催人奋进的能量，我相信它们源于真实的热情。它们就像黑夜里的焰火，令人激赏。我更愿意相信他们最大的愿望是能够不断创造更加瑰丽的光华，或者最低限度，让那些绚丽的瞬间得以保留。然而现实无法满足哪怕最起码的要求——他们正在被误导。

我们借助两个再寻常不过的例子加以说明。

一头狮子从出生之日就开始接受各种训练，它要学习威武雄浑的吼叫，气势逼人的仪态，庄严稳健的步伐和宣告末日的眼神。这一切赋予它大猫的气质，看起来也更有狮子范儿。不过，这还不是狮子，顶多算是标准照，在中国古代，它们被摆在衙门门口。如果想要成为狮子，它们必须学会使用锋利的犬齿捕杀猎物。对于这个物种而言，扑杀和撕咬比鬣毛和吼叫更能说明问题。作为狮子，至少要懂得什么是立足之本。

在茹毛饮血的时代，人们饱受腥臊之苦。火的出现极大地改观了食物的口味。不过，此时距离海盐胡椒口味的澳洲牛排还相去甚远。现在，我们拥有种类繁多的调味料，可以烹调出超乎想象的美妙味觉。这并非只是口感的进化，而是因为我们知道什么样的烹调方式能够提供营养价值更高的食物。今天，这件大事落在讲求生活质量的家庭主妇们身上，她们会在市场里有意识地购买平时食用较少的食物让家人换换口味，此外，她们还会在周末的时候学习美食频道的新菜式——对于心灵手巧的女主人来说，更让她们受用的是各种做法的依据，比如胡萝卜适宜炒食而不宜生吃是因为胡萝卜素属于脂溶性物质。这件看似寻常的事包括了两个极为重要的目的：有选择地摄入食物以达到营养均衡，以及在烹调时提高营养成分的吸收效率。

培训师面临同样的问题，不过他们没有那么幸运，在那些培训培训师的课堂上，我们听到的还是十五年前的内容：如何缓解紧张情绪、如何破冰、如何发声、如何避免口误以及培训师的角色和任务等；更离谱的是近些年来出现的所谓培训师的八种绝技、十二条准则和二十种技巧之类名目繁多的律条。前者的确与培训师有关，不过充其量只能用来垫垫场子，在定位高端的培训师培训班上仍然占据主导不由得不使人怀疑高额的培训费背后导师的真实水平。至于那些所谓技巧，不仅不能发挥实际作用，反而时常弄巧成拙。培训师并不是一个可以不做充分准备就能够顺理成章的职业，和其他职业相比，他需要更丰富的素养。在培训师成长的过程中，没有什么比技巧更容易造成认识错误。技巧如果不是从实践中提炼，从体验中思考，就不会有“熟能生巧”之说。否则，熟且不熟，巧从何来？充其量，照此逻辑，成才似乎只是举手之劳：难道会速算法的人都将成为数学家？即便听众记住了技巧，又当如何运用？正像众所周知的屠龙之术，培训师面对的问题，不单是无处发力，还在于再也找不到讲述者实施技巧的特定环境，而一再出现的张冠李戴则是由于培训师对组成这种特定环境的因素理解得过于狭隘和肤浅。一位培训师向我抱怨自己在同样的场景下使用与导师同样的技巧，却遭遇冷场。他并没有意识到，失败源自他充满稚气的脸，除此之外，个性不同的听众、通风不良的场地，甚至不同颜色的植物都有可能把上一个课堂上被吹捧得天衣无缝的技巧摔得支离破碎，这一点都不奇怪。

如果一定要找到技巧，没有什么比随机应变更合适，这种能力的宝贵之处就在于思维不受限制。在中国古典名著《三国演义》中，罗贯中刻画了具备这种能力的两个人物，一个是庞统，另一个是诸葛亮。庞统在鲁肃引荐下初次会见孙权时，吴主曾经询问他与周瑜的能力孰强孰弱，庞统说自己擅长随机应变。沉浸在痛失挚友的悲痛中的孙权显然没理解这句话的含义，错失这位王牌空降兵。对于诸葛亮的描写则更为详尽，在整部作品中，曹操与司马懿是两个极具魅力的人物形象，一个擅长权谋，一个擅长诡计。没有什么比戏耍二人更能说明诸葛亮的卓越才能的了：相对于兵法家和政治家曹操，孔明胜在诡计。取汉中的时候，他用诡计让曹操倒时差，三天彻夜不眠，满营都是熊猫眼；相对于心机诡诈的司马懿，孔明胜在创造力，在对手眼皮底下装神弄鬼，收了陇西的麦子。司马懿能想到兵马阵法，却想不到草绳点火，烟雾升腾，如果士兵光着脚丫子打仗不常见，敲破鼓打破锣的声音恐怕也是他这辈子绝无仅有的听觉享受。虽是小说，孔明这番举动恐怕可以纳入中国最早的魔幻片之列，更不要提木牛流马。如此全才，放眼世界，恐怕只有列奥纳多·达·芬奇才能与之比肩。

使培训师过于平庸的是那些舍本逐末的教义，而搅浑这池水的是少数无良的培训商人，他们成功地把入行不深的培训师引入歧途。显然，商人和培训师关注的焦点并不相同，而对于培训行业的健康发展起到积极作用的培训商人和无良商人的根本区别在于对培训产品的认识。前者使用高质量的培训产品操作市场，后者则靠天花乱坠的自我鼓吹。无良体现在他们使用所有渠道拓展市场，兜售外强中干的产品，这些产品多由粗制滥造、剽窃拼凑而来，赋以听起来充满海外风情的名头，以此招摇撞骗。为了抢尽风头，他们会把自己包装得极尽奢华，等到买家发觉上当，他们已经裹起课酬飘然而去。靠拿买家后悔钱正是这类培训商人的生存法则，虽然受骗后不会再有合作关系，他们却并不担心，只需要继续物色行骗对象便可保衣食无忧。

莫罕达斯·卡拉姆昌德·甘地："没有劳动的富裕，没有良知的快乐，没有是非的知识，没有道德的商业。"

下面的这些现象可能你早已司空见惯，它们正在成就越来越多的只能看不能听的培训师。事实上，你将要看到的正是杉树苗演变成菟丝子的过程。

表现一：谁是核心？内在最重要

在大多数培训培训师的课堂上，导师会花费很长时间来传授培训师们如何做自我介绍才会给听众留下深刻的印象，这种做法能够被毫无困难地接受主要是因为可以满足大多数人的表现欲。T 型台用来说明这个问题最好不过，人们有必要搞清楚模特和服装谁是核心。服装设计师最悲催的经历莫过于观众记住了模特却忘记了衣服，这是彻头彻尾的失败，只有当观众与服装产生共鸣时，展示才是成功的。除了有特殊标记，培训师是否被记住应当取决于培训的内容是否激起观众的灵感。就像米其林名厨不必跑到顾客面前夸夸其谈，而只需要一盘惊艳的美食便足够了。既然问题的关键是内容而不是形式，培训师又何必多此一举？在很多人看来，这是风格差异，事实并非如此。你一定见过这两种情景：在一些培训现场，培训师热情满溢，言辞激昂，不遗余力地宣扬战绩，鼓吹所能。另一些培训现场，培训师专注于入木三分地阐述论点。前者在自我宣传上花了不少工夫，却时常得到负面评价，这是因为他们得到的结果是被认识，而后者则是被接受。我敢肯定，即使是前者也未必不了解培训师的魅力在于培训内容而不是自我标榜的事实，他们仍然那样做是因为内在的空虚和软弱。他们必须使用各种手段掩盖内涵不足的事实，就像相貌不佳的人会竭尽全力在脸上涂抹化妆品，而天生丽质的人则不必为此劳心。

尽管道理并不难懂，却仍然不能对这类问题背后的各种误导性的论调掉以轻心。事实上，那些极尽鼓吹之能事的培训师（其实大多是投机商）正是以此完成黑色催眠。他们会编造和引用具有煽动性的言论，对于不明就里的人们来说，这些不堪一击的说法充满了诱惑力。十几年前，一句“酒香还怕巷子深”在培训界引发了一系列疯狂行为。这种“创造”毁掉了一整代培训人，甚至演变成专门与真理唱反调的恶习，出现了一大批为了标新立异而胡诌乱侃的培训师。为了构造与众不同的结果，他们不惜随心所欲地篡改事实，无中生有，强词夺理。问题在于，已经被培养出浮躁习惯的听众早已失去了判断力，对此坚信不疑，甚至奉若神谕。如上所说，大批正处在成长关键期的培训师被引入歧途，他们无视酒要香的前提和根本，把全部精力投诸于包装和宣传上，于是才有了随处可见的华而不实的金粉培训。利欲熏心让他们不顾一切，即使根本无酒可卖，也不惮于到处抛洒空头支票。

表现二：过于关注营造气氛

下一个出场的现象有其合理性，却因培训师理性不足而被滥用。这个现象多出现在那些对 NLP（Neuro – Linguistic Programming 神经语言程序学）和心理学一知半解的培训师身上。在那些主流培训理论中，营造气氛是培训现场最重要的工作。我并不否认这一点，问题的关键是气氛的来源。那些好像刚从土耳其浴场跑出来的热气腾腾的培训师，试图通过高声呼号改变观众的状态，借以营造气氛。这种做法对于缓解颈椎病或许有一定的帮助，不过歇斯底里于事无助，观众们皱着眉头瞥着莫名其妙的兴高采烈，猜测是什么让这家伙像个情绪失控的傻瓜一样手舞足蹈。遗憾的是，这种方式已经泛滥成灾。在如何营造气氛的问题上，我们从来没有停止过探索，虽然强制兴奋有时能够收到效果，不过从效果的真实性来看，最可靠的方式还是自主参与。自主参与意味着气氛源自某种内在力量的流转，它和站在迪士尼乐园门前的孩子的兴奋同样真实。没有什么理由比内在的驱动力更能说明问题，培训师可以通过激发意愿完成这个过程，这样做最大的好处是避免了强制和懵懂的状态下可能形成的近乎愚昧的迎合。即使是那些最迟钝的人也能感受到，实施情感暴力的培训师只是在关注气氛本身而无视听众的个性与尊严。实际上，任何试图强行操控情绪而非激发欲望的做法都不会收到真实和持久的效力。中国有句谚语叫“强扭的瓜不甜”，阐释的正是这个道理。

最激进的培训师也不会只通过煽动营造气氛，倘若想要让培训看起来更漂亮，他们必须添加其他砝码。一部分人首先意识到，他们需要寻找更加可靠的依托，这些新的支持必须更刺激、更震撼、更酷。在21世纪的前几年，这种寻宝活动的热度迅速飙升，一度形成云蒸霞蔚的热烈局面。不过，这个本来很不错的开头又一次以偏离主旨的方式草草收场，在让培训更刺激、更好看的思潮影响下，培训师们再一次犯下错误。讽刺的是，这一次的错误和他们希望得到的结果一样丰富。

方向性错误体现在对于技术的过度依赖。它甚至在整个知识产业引发了一场浩劫，并且形成了轻视理论研究的思潮。所有的培训师都在简介中浓墨重彩地宣扬“实战”，一听之下，就会发现他们不过是在借花献佛。不论是观点还是论调，都是进口货，即便是那些颇有蕴意的部分，也大多来自剽窃和引用。他们使用着自己的躯体，却用别人的脑子讲话，这正是培训师群体光鲜亮丽的背后无法在思想上“断奶”的事实。毋庸讳言，一个没有自主思考能力的培训师群体是没有前途的。

技术性错误体现在培训师们陷入了对技术展示而不是应用的狂热。这并不是什么深奥的道理，如果晶体管和集成电路只是用来展示的，不管展会规模多么庞大，也无法让旅行者号飞出太阳系——科技的力量并不在于其有多么奥妙，而在于如何运用。培训师们的技术展示贡献了又一个反例，最有代表性的当属催眠术。现在，除了催眠师培训以外，滥用催眠术的情形随处可见。培训师展示他是如何让一个羸弱的女孩变成钢板，并且在身体悬空的状态下承受住一名壮汉的踩踏。或者让听众使用一根普通的塑料吸管穿透马铃薯。

这真的很刺激！仅此一点，就可以对现场的绝大多数观众形成说服力，这是使用震惊转移注意力的成功案例，培训师如此顺利地掩盖了关键问题。对那些尚未从惊讶中摆脱出来的人而言，还无暇思考此举的意义，与其说是获得催眠术的力量，不如说是观赏培训师的个人秀，这和马戏团或者魔术师的展示如出一辙。即便你是个足够理性的人，想要从中获得教益也困难重重，培训师的做法本身就违背了催眠对于培训的意义：没有什么比让参与者察觉到你正在使用催眠术更糟糕的事了！

这个例子并没有否定震惊的作用，它只是让我们明白：对于培训师而言，引发非常规情感从来就不是培训的目的，而是获得教益的途径。那些为了哭而哭、为了笑而笑、为了震惊而震惊的做法也许能让培训看起来更花哨，但绝对不会因此而使之荡气回肠。

表现三：技术的陷阱

如果有人问世间有多少种行之有效的浪费时间的方法，你会怎样回答？花一整天泡在购物广场，看几个小时情感剧，和着眼泪大嚼薯片，还是听一个无聊的培训师胡说八道？假设你是一个有着一肚子抱负的人，这些事可能不会发生在你身上，假如你是个培训师，还有一个更好的选择：跳进技术的陷阱。

五年前的一次国际培训峰会上，我和一位从瑞士回国的同行谈起呈示艺术，他向我展示了一套和江诗丹顿一样精美的PPT。这并不是一个方兴未艾的话题，我们预测在不久的将来，将会出现专门制作设计级PPT的机构，并在昙花一现的火热之后迅速消亡。一年之后，韩式PPT因其酷炫风行中国，两年之后，国内第一本设计级

PPT的教程出现在书店的书架上，随后，在国内培训师群体中掀起了一股学做“专业级”PPT的热潮，出现了一批专业PPT制作的讲师。正如预想的那样，这股浪潮的消退速度比来的时候更快。这又是一个进行盲目选择的例子，对于培训师而言，比较聪明的做法是对做选择的决定是否理性作出判断，而不是同那些被演示震撼了的观众一样简单地成为拥趸。虽然大多数人最终选择了放弃，但更多的是因为技术原因而非判断使然。对那些手中缺乏硬通货的培训师来说，这些看上去像电影片头一样的动态实在是不小的诱惑；对那些保持理性的培训师来说，它的缺点显而易见。如果一套演示时间只有数分钟的“专业级”PPT要花费数个人两个多星期的时间进行制作，时效性未免太离谱；如果培训师愚蠢到在演示中使用这么多高速动态，观众会在几分钟之内产生视觉疲劳；凡是见过“专业级”PPT的人都会发现伴随着特效出现的锯齿和马赛克，这并不奇怪，因为它已经超出了这种软件力所能及的范畴。即使定位在企业宣传片，专业的非线性多媒体编辑软件和影视后期制作软件是否失去了存在的价值？追随者们没有看清楚，制作和宣传这些东西的人是设计师而不是培训师，培训的核心也从来就不是PPT。在培训师的成长历程中，一旦坠入技术的陷阱，必将付出巨大的代价。我无意贬低他们的选择，只是为他们的判断力感到惋惜。

表现四：培训实践、培训学员的数量和质量、控场技术

就在写这本书的时候，一个朋友找到我，请我帮忙推荐可以讲授团队课程的培训师。在接下来的交谈中，我惊讶地获知，他们已经在这个课程上支付了十几万元的课酬。如果这一次推荐成功，将是他们在五个月内见到的第七位讲授同一个主题的培训师，而此前课酬最高的长相酷似孔子的大师，仅仅一个上午就卷走五万元！接下来的半个钟头，他喋喋不休地重述他是如何在总经理的授意下挑选培训师，又如何在花费巨资却没有得到预期效果后被责难。在他谈及萌生跳槽到另一家企业去做资深经理的念头时，我打断了他的话题。听起来很熟悉，不是吗？在这个问题上，我们无法简单地把责任归咎于任何一方，因为团队建设本来就是在极其特殊的情况下才会有效的培训项目。

在远古时代，个体的力量相对于自然而言微不足道，人们结群以保障每个个体的安全，不仅如此，更重要的意义在于每个个体都可以借助群体之力获得更多的生存资源，对于命脉系于一线的个体来说，群体意味着更好的生存质量和最大的可能性。现在，越来越多的企业由于管理和业务模式的需要，分配给每个个体的资源更加丰富，以求得更加高效的工作成果。这样做的结果是让每个个体持有的资源更多，工作独立性更强，人们发现自己的大多数工作不必再依赖于其他人，在这个过程中，每个个体的自我意识得到了强化，这将导致企业中大多数的矛盾和冲突。由此造成的麻烦会在人力资源部每年例行的绩效考核工作中集中凸显出来，这可是个敏感的话题，不过看上去，绩效考核似乎正是造成这种矛盾的根源。

一个有意思的现象是，在很多企业——尤其是国有企业里，所有的部门都会在年终评定时得到不同的奖励，即使是那些没有办法获得业绩奖励的部门，企业也会设法从不同的角度让事情变得完满，诸如设立众所周知的精神文明奖。企业要比以前花费更多的精力协调内部的关系，消耗更多的内力，当然，绩效考核也会在皆大欢喜的目标的指引下变得更有喜剧色彩。你一定发现了这个论述过程中某些词汇的差异，正是如此。团队和群体存在明显差别，相对于群体来说，团队受到的制约更多，在那些浩如烟海的团队培训需求中，绝大多数需要的并不是真正的团队建设，而是强化员工的忠诚度和凝聚力而已。培训师不会给出这样的判断，尤其是对于那些挖空心思、专心致志地赚钱的培训师来说，自断财路当然不是明智之举，就像某些医生会抖擞精神，尽量把病情描述得命悬一线一样。

有些培训师宣称自己培训过数百万人，这也许是真的，谁知道呢？不过这却点燃了一些年轻培训师的激情，他们受到了刺激般狂热地希望得到培训的机会，曾经有一位培训师对我说，能否提供一些大规模培训的机会以便让自己的名誉“坐火箭”。如果就是为了积累听众，以便在履历表里添上那么一笔，最简单的方法无非就是在每年年初的两个月跑到火车站去做演讲，没准儿几天就可以达成指标。那些试图以此标榜丰功伟绩的培训师不过是在自欺欺人，他们又一次试图使用障眼法模糊人们的判断力，造成“桃李满天下”的壮阔外观，人们惊叹于数量的同时很容易忽视这些浩如烟海的果树其实没有一株能够结果实！如果你对西方哲学史感兴趣，就一定知道苏格拉底是如何从质量上解释这一问题的。

困扰另一位培训师的问题则是无论如何也无法提高的即兴演讲能力。她不明白为什么在观摩了大量案例之后仍然找不到进步的感觉，甚至一度认为自己对此缺少天赋。很多人都在为她出谋划策，不过我相信，对于一个热爱此道的人来说，是不会注意不到他们所说的模式和方法问题的，她自己一定尝试过很多遍。此时此刻，那些热情的建议再一次剑走偏锋。演讲的核心在于内容而非形式，一个精通演讲模式却知识匮乏的演讲者的口中不会流淌出骨肉丰腴的作品，如果台下有足够多的听众，能保证不信口开河已是不幸中的万幸。对她来说，亟待解决的问题是如何迅速提升学习力，在成就演讲者的诸多因素中，这是保障演讲宽度和深度的关键要素。

上面这些表现只是舍本逐末的一隅而已，不论是在摇摇欲坠的教室还是光盘里，问题同样存在：有经验的不懂技术，懂技术的没有格局，有格局的缺少方法，这些表现背后投射出的是对于培训行业和培训师的认识不足和角色错位，也让浪费精力成为一门学问。狂热促生激进，让感性蒙蔽理性；思考使人严谨，让理性更有深度。在这个问题上，大多数培训师并没有表现得比其他社会成员更高明。

你可能已经急不可待地想知道培训师究竟应该培养哪些能力，如果又是分析能力、想象力、逻辑推理之类的说法，未免过于敷衍。不过，既然培训是开放式的思维活动，我们也只能从相反的方向描述它“不应该包括什么”。这可能会让一些认为自己天资浅薄的人重新拾回热情，那些形体瘦削、中气不足的人不必再为没有洪亮的嗓音揪心，扩音器可以让你的声音更自然，颅腔受到的震动也更轻微。我曾经在一次国际培训的课堂上目睹一位自恃嗓音嘹亮的培训师引吭高歌一个多钟头。除了让听众了解他真的很喜欢唱歌之外，那些发声方法改变不了任何人的横膈膜。培训师必须学会判断非必要的能力和技术，它们大多可以锦上添花，却并非不可或缺。概言之，所有能够通过借助外力和工具解决的问题，都不是构成培训师核心能力的要素。在对这一关键问题的判断上，培训师需要剥茧抽丝的深刻。

我们不能肯定达·芬奇是第一个通过解剖学作画的画家，不过对于那些想要把马画活的人来说，画好马骨才是第一步。培训师的使命既不是个人秀，也不是取悦听众，更不是充当精神劫匪；培训师所讲的话是否绝对正确或者会引发争议并不重要，重要的是它是否经过深思熟虑并且不容忽视。这涉及另一个敏感问题：控场。今天，控场能力被培训师们用作自保的工具，他们希望在任何情形下都能获得全身而退的保障，另一群人则希望通过它堆砌伟岸形象，甚至借此树碑立传。这派生出一大批鼓吹气场并试图以此获取更多自信的培训师。他们通过声音洪亮、语调铿锵、目光锋利、形体硬朗的表象营造气氛，企图对听众形成压迫感。这些小伎俩从一定程度上可以提升士气，让培训师的做派看上去更像巴顿。不过，如果没有扎实的内在功夫作为基底，这种空洞的理直气壮便会放大培训师思想上的硬伤，所谓气场也因此变成了装腔作势。今天，你能在很多场合遇到这类狐假虎威的培训师，他们的目的如果不是精神投机，便是保证在拿到课酬之前不会节外生枝。一个简单的事实是：培训师的气场只是内涵的副产品，魅力只能由内而外地生发。对大多数培训师而言，一呼百应的感觉的确不错，不过创造性的力量只能来自争议和分歧。

1974 年诺贝尔经济学奖得主弗里德里希·哈耶克和纲纳·缪达尔对于计划经济的观点就存在明显的分歧。和所有诺贝尔奖得主一样，他们的贡献不是发现了绝对正确的真理，而是为其他人提供了可以加速进步的思考高度。

倘若培训师能够充分理解这一点，培训市场就不会是现在这个样子。在同一领域，后出道的培训师在权威的阴影下挣扎求生，彼此诋毁，浴血拼杀。实在没有什么比“权威”这个词更加厚颜无耻，权威意味着给行业发展下达病危通知书，更何况它大多出自某些别有用心者的自吹自擂。你能够很清楚地看到，这种搅动浑水的力量来自两个方向：其一是伪装成培训师的无良培训商人，在利益的驱使下，他们不择手段霸占市场资源，人为地遏制培训师队伍的新老交替，严重扰乱了培训资源的正常配置；其二则是创造力极度匮乏的培训师群体，他们素质干瘪、乏善可陈。培训师群体能力平庸，内驱力不足，无所作为是关键症结所在。在日益激烈的市场竞争中，即使是那些最注重维护关系的企业也不得不面对需要富有真才实学和建设性意见的培训师的现实。

培训师群体面临的发展问题将从很大程度上取决于创造力的质量。在米其林餐厅品尝珍馐的时候，食客是否拥有超级味觉无关紧要，即使吃不出妙处也能发现盘中之物和寻常菜馆的区别。一个品尝过法式烤野兔的人会把这种美味推荐给同事，可是就算她口吐莲花，也无法让对方产生真切的感受，因为她并不清楚那种口感从何而来，这会影响刻画的深度。她或许会说“你知道吗，那只兔子简直妙不可言”或者“口感嫩极了”，这仍然让听者稀里糊涂。除非她换一种说法，描述在制作过程中，使用朗姆酒、盐和黑胡椒腌制十二小时，用月桂叶、百里香调味，再用洋葱和大蒜入味提鲜，然后在烤箱里让黄油完成最后的程序。此时此刻，听者一定已经口舌生津，跃跃欲试，她的唾液量和描述的透彻程度成正比，细节引导她的思维不断地把一种味道混合进另一种味道，如果描述者是那位大厨呢？把这个场景移植到培训中来，培训师就是那个传播烤野兔美味的人，这就够了吗？实际上，这正是培训师同质化的根源，如果培训师只知道描述现象却不知就里，他们就将陷入困境，就像一个不懂得食材本性的厨师，自然不会想到还可以用柠檬汁、迷迭香和蜂蜜完成同样的工作，并制造出别具一格的风味。毫无疑问，这就是创造力的根源。一位缺少创造力的培训师不可能摆脱平庸。

为了创新而创新的做法并不可取，哗众取宠和故弄玄虚没有任何好处，不论是对培训师还是对听众。如果不去人为地为意识设置障碍并附加任何条件，真正的创新才可能发生，它必须具有积极意义并且有充分的依据。即使是那些突如其来的灵感，如果无法找到依据，也无法获得真实的生命力。对培训师而言，价值并不在于能够启发别人的能力可以持续多久，而在于“激发”本身的生命力能够持续多长时间。从更为实际的角度看来，在于被激发的创造力的各个维度的质量。

这无疑是艰难的过程。在大多数培训师眼中，培训效果正在变得可遇而不可求，即使是那些把培训雕琢得锃亮的培训师也很清楚，获得满意的值得品味的效果变得越来越困难。这是对培训师群体人力资本价值的挑战，更是对判断力和创造力的考验，培训师群体正在走进新的困境，即将面对的问题是如何在诸如知识体系之类的繁杂的选择中做出恰当的选择。这个问题无法避免，甚至还会将培训师置于尴尬的境地，这并不值得难过，因为它正是回归正途的开始。如果培训师选择遵照天赋完成个性化成长，培训市场便有希望呈现百花齐放而不是争相割据的局面。也许那时，培训师才能得到应有的认识和真实的尊重。

第四章

培训启示录

现在不会再有人像几百年前那样信奉丹尼尔·诺查丹玛斯的预言，我们有了更多解释各种现象的理论，人们在各种场合接受现代科学的教义，再用它观察周围的世界。然而蒙昧时代的余韵并不如想象的那么遥远，客观看来，人类一直致力于摆脱蒙昧的状态，只是从一种状态改变到另一种状态。这样说并没有冒犯之意，改变推动了进步是显而易见的，一个世纪以前，人们还在为第一架双发动机专利飞机雀跃，从那之后，科学技术的发展进入了快车道，在纷扬的战火中，核技术和空间技术让文明激进发展。十几年前，一台索尼公司的超薄卡式磁带随身听可以彰显卓尔不凡，现在，各种款式的便携电子设备随处可见，不仅存储能力可观，丰富的功能也正在混淆与玩具的界限。

类似的情况正在每一个领域发生，跨时代的对比让技术革新格外醒目，也让社会面貌大大改观。今天的写字楼采用了更多的新技术，从建筑结构到材料科学，越来越狭小的办公室空间随着办公用品的缩微化和高度集成化被白领们接受，就餐空间和活动空间同样被缩微化，这些改变源于现代城市高度集成的特征，摩天大厦越来越像有机体，从室内泳池、休闲餐厅、健身房到剧场，一双皮鞋就可以在大理石地面上完成一天中的所有活动。这些看起来很不错的编排，是为了尽可能缩短有效工作时间之间的间隔。

职业活动正在极端化，职员和经理们的时间被填充得滴水不漏，越发纯熟的社交技能使他们对心理学无师自通，却正在失去对真实世界的判断力。对于培训行业而言，没有什么比这种能力形成的影响更加深远的了。

第一节　认知：培训成功之始

对于很多20世纪80年代后出生的中国人来说，衡量一个接受过高等教育的人的知识水平的标准之一是对于心理学知识的掌握，很多心理学专业的学生在这方面表现出明显的优越感，他们热衷于揣测别人的心思，力图攥取精神世界的主动权，并陶醉于对方惊异而不知所措的神情，就像俘获战壕里来不及逃跑的敌人。这和他们的知识水平有关，当生理年龄和社会实践都达到临界状态的时候，这种有意识的比较便会逐渐成形。在企业里，人力资源部的人扮演着同样的角色，面试官使用所有法术考察应聘者，在短暂的时间里识别谎言，斟酌人格类型和空缺岗位的匹配等级，做出是否纳入备选范围的决定，阅人无数是他们最引以为傲的谈资。有意思的是，尽管他们擅长为别人做诊断，却大多对自己缺乏了解，在这一点上，他们并不比被他们指导的人更高明——尤其是当他们下定跳槽决心的时候。在判断上失去方向是件糟糕的事，尤其是当传统观念和看起来顺理成章的规律发挥影响时，这种迷茫会带来更加沉重的苦恼。现实中，只有极少数人有能力破除这种局面实现持续成长。

中国人很早就知道自知者明的意义，不过这并不等于他们能够完善地解决这一问题。各种针对工作的抱怨飘荡在城市的各个角落，周末的各种娱乐活动也是为了排遣这些无奈和抑郁的情绪。怨言往往以人际关系和人事变动为主题，这只是他们对于外界刺激的表面反应而非真实感受。如果企业里每天都充斥着各种不堪忍受的不公正，他们又为什么要在自知无关痛痒的牢骚之后继续强迫自己做下去？这不是生存的问题，因为对于那些收入丰厚的人群来说，这种感觉甚至更为强烈。发牢骚者唯一清楚的是，他们对工作缺少兴趣，在熟悉的环境和从一种迷茫的状态进入另一种同样的状态之间，他们宁愿选择前者。由于缺少内在的快乐，人们才会试图通过外部刺激进行弥补，就像文化程度不高又缺少好奇心的人会一天到晚陪着电视剧里的人掉眼泪，再把各种莫名其妙的情绪施加给其他人。这种情形，在那些从事着所钟爱工作的人们身上是看不到的，正是因为深刻的热爱，工作才有可能成为事业。也正因如此，管理者们才会把人职匹配作为矢志不渝的战略目标。

人们只有投身最适合自己的工作才会获得通彻的快乐。现实中，大多数人直到离开这个世界也未能完成这件事。对于那些对此尚无意识的人来说，空虚无聊和卫生纸一样真实乏味。实际上，大多数人在生命中的不同瞬间都曾闪现过这样的念头，只是没能进行足够的思考或因为畏惧避而远之。不容乐观的是，懒于思考正在成为共性，倘若不能及时觉醒，他们将以更大的角度偏离航道，并将各种苦恼的困扰持续下去。一个即将毕业的建筑系大学生忐忑不安地咨询他的专业是否好找工作，并明确地希望获得建筑行业的最新信息、设计院里的工作内容以及如果继续攻读研究生能否缓解就业压力。最后的一个问题是：她的朋友建议她学些心理学知识，她不知道心理学学些什么，是否对以后的工作有利。当我请她列举最能让她感到快乐的事情时，她滔滔不绝地讲起网络购物，炫耀她是如何记下电视购物的产品，在搜索引擎里考察，再在打折的购物网站上抢到一模一样的商品。她完全没有意识到，搜索引擎也能够帮助她获得所有她所希望知道的信息。这不能说明她思维驽钝或者不务正业，只是愿望不够迫切，这纵容了大脑的懒惰。

那些已经找到专属领域的人往往很容易做出非凡的成就，他们被认为才华出众、勤奋好学，在特殊的环境下得到了特殊的帮助。没能获得这些快乐的人把这种事归功于可遇而不可求的机遇。

真是这样吗？

我见过很多才华横溢、不畏辛劳的年轻人，他们干劲十足，像加满了油的战斗机，在写字楼里呼啸而过，加倍的努力大多能换来不错的收入和满盆满钵的赞美。在他们看来，休息是一种不可饶恕的浪费，钢铁精英们在星期天一大早匆匆出门，在培训教室里度过整整一天。这样的勇气和斗志值得赞佩，然而倘若这些事发生的理由和事情本身只是为了生存，就另当别论了。在那些人口千万的城市，人们不知疲倦地努力的动机仅仅是为了获得赞美和安全感。很多时候，他们在缺乏理性的情况下做出决定，并且对决定的英明和果敢深信不疑。市场的供求本身并不会提供合适与否的判断依据，遗憾的是，一旦这些决定在脑海里成形，肾上腺素便会削弱自主判断的意识，导致盲目学习。

希望成为英雄是很多孩子的梦想，在写字楼里，英雄变成了超人。成为全才是很多年轻白领的追求，他们疯狂地吞食各种知识，却从不考虑它们是否有用，这些人的智商并不低，促使他们这样做的理由是迫切获得竞争优势的直接刺激和虚荣心被满足的快感。尤其是当他们听到类似“一个不知疲倦的超人”、“全才”和“强大”之类的评语，便会获得红毡铺地般的舒爽。必须承认，即便是为了不被责备为懒散地度过一天这样简单的理由，也可以形成推动力。然而这些勤奋的人并没能获得真实的成就，那些引以为傲的成果很快就因为无法在现实中得到转化而失去支撑。他们的主人则会更换目标重复这一过程，以填补现实与温柔乡之间的心理落差。在自我陶醉消退后，质疑油然而生，在终究无法改变现状的现实中，他们会夸大所得，如果仍然无法获得瞩目，便会愤慨怀才不遇并从内心深处升发出强烈的不满情绪，通过抱怨和牢骚表现出来。即便如此，他们却并不会果断离开，这使得他们陷于畸形的自负和不得施展的激烈矛盾中而郁郁寡欢。

虽然人们非常喜欢多才多艺的评语，在现实中却很难接受，就像把列奥波德·达·芬奇和那些最显赫的美术作品联结在一起，而对他在生理解剖学和工程学上的建树淡然视之。这至少说明了两个问题。对于大多数人而言，优势只有一个，这个词汇本身就带有强烈的限定意味；一人多能意味着这些才能必然相互联系，只是体现不同，实际上，大多数才能都是平庸的。一个绘画天才会对建筑、文学、音乐表现出浓厚的兴趣和出色的鉴赏力，这并不奇怪。

接下来的问题是，当某个时间来临时，人们必须对这些才能进行取舍。对大多数人来说，这是一生中最痛苦的瞬间。这种痛苦来自对于才能的高估和幻想中痛失机会的惋惜。当一个人开始懂得自己的大部分才能实际上非常平庸的时候，才意味着心智开始成熟。

在过去的几年里，我每天都会接到被恐慌情绪逼迫得不知所措的大学生的咨询。当我建议一个电子信息专业的学生应聘行政岗位时，他大为吃惊并且感到不可理喻。在他看来，命中注定就应该在电子信息领域结束自己的一生。造成这种印象的正是前面提到的原因之一，这难道真的是一个逻辑问题吗？为什么这个专业毕业的学生就不能承担另一个专业的工作？造成这种约束的原因在于学生们过高地估计了专业的价值，这种高估并不是有意为之，更多是出于缺乏社会实践而使眼界受到限制的无奈，而高度专业化的课程体系放大了基于专业的思维定式。也许对于那些思维敏捷和判断力发达的人来说，学生们的这种观念还说明：在大学校园里徘徊的那几年并没有帮助他们认清大学在他们的人生中真正的意义所在。我们可以通过对比国际名校和国内名校来说明这个问题。如果你能抛开历史和人文背景这些有明显差异的因素而把目光聚焦在课程上，就能够让其中的差异更加凸显出来。

从知识领域的宽度来看，剑桥镇的学生能够接触到文艺复兴时期的人文思想、严肃音乐欣赏、夫妻心理学研究，甚至烹饪科学。对于国内的师生们来说，学习的系统严密和富有内在逻辑比什么都重要，不过他们无法理解百里香和黑胡椒对学业有什么好处，更无法想象一百年前就被挂在墙上的约翰·塞巴斯蒂安·巴赫能对社会行为起到什么作用。他们设计出一整套紧紧围绕某个中心的课程体系，学生们在纯洁得令人绝望的讲授中艰难度日，他们对教授报以同情的目光，因为学期的结束意味着大部分知识将被遗弃。在大学校园里，学生们的情绪在摆脱头疼的专业课的快乐和面对新课程的不安中起伏。在大多数人眼里，真正的快乐在学期末的考试结束并获知没有挂科之后才会出现。从他们身上，我感觉不到他们是在做一件对生命负责的事，而更像是为了避免遭受谴责和损失而度日。毕业实习的时候，他们拿着自己还在襁褓中那一年出版的教材，皱着眉头寻找现实中的共同点。直到毕业前夕，才意识到在那些理论和现实之间的差距被完全证实之前，最好尊重现实，从头开始。我一直认为这些学生常常被冠以“不好好学习而至找不到好工作”的标签有失公正，因为即使是那些成绩优异的学生，也并没有体现出明显的优势。为什么自认为能够培养出专业人才的课程体系会得到这样的结果，而那些被认为荒诞无理的开放课程却能培养出一代又一代精英？很多学生在对我谈起学业的时候表示，他们从未成功地把所学的知识和未来联系起来过，一些人则认为这种尝试是徒劳的，这表明他们从来就没有弄清楚过这些课程存在的意义。

另一个例子可以表明由于认知不足导致的修养残缺能够产生多么大的差异。尽管中国并不是交响音乐的发祥地，却有着为数众多的乐团组织。近些年来，中国的指挥也迅速成为爱乐者关注的焦点。对比乐团和指挥是件有趣的事，我注意到，和维也纳爱乐乐团这样的超一流乐团相比，中国的乐手在技巧上并不逊色。这并非恭迎之词，早在20世纪30年代，阿图尔·鲁宾斯坦就曾经对此有过精到的评论。事实上，在全世界范围内，能够在技巧上与中国人相媲美者寥寥无几，问题的关键并不在此，而在于乐团艺术修养的差距。在一流乐团的演奏过程中，经常可以见到乐手面露笑容、身心迷醉；

中国的乐手在演奏时则更像是在下班前十分钟的最后挣扎，他们表情严肃、面容冷峻，即使是在演奏乔阿基诺·罗西尼的轻歌剧序曲时也是如此！而在对指挥的访谈中，能够更加强烈地感受到这一点，除了音乐之外，他们几乎一无所知。于是，冷冰冰的音符被制造出来，不带一丝感情，演奏家只是制造音符的工匠，指挥则是工头。更不要提能够让摄像机的镜头在一整场音乐会的两个多小时里死死盯住一个视角的摄像师和结结巴巴、连作曲家的名字和作品的调性都念错的报幕员！中国的交响乐团和指挥们的确有很长的路要走，现在这里只有演奏家和指挥家，唯独没有艺术家。

如果你足够细心就会发现很多思想家、科学家、行为学家、军事家对艺术有着高超的鉴赏力，他们当中的大多数人并没有接受过专业的艺术训练，具备这种修养归功于宽广的知识面和深厚的文化功底。这是个相当不错的启示，自知并不是与生俱来的本领，无数人可以做证这是件多么困难的事，想要完成这项艰难之举需要一些能力作为基础，在我看来最重要的还是思考力，在前一章中，我们已经阐述过这个观点。

虽然同一群体不同个体之间的思考力品位往往悬殊，不过对于培训师而言，思考力的最大价值在于发现真实，这是了不起的能力。不论是在自然科学还是社会科学领域，所有致力于改善人类生存状态的努力都以此作为目标。真实是客观认知的开始，我们已经见过够多的从现象到现象的教义，并且因为基于感性的需求得到抚慰而满足。管理者们踊跃投身到领导力的训练中，他们锻炼自己用最完美的方式发号施令，用最简洁干练的手法操纵生产，支配收益，这一切都是为了完成某种程度上的个人英雄主义的塑造。那些军旅出身的企业家则运用铁腕创造规则，人们重新回到泰勒那个冰冷坚硬的时代，他们的所有做法都被旁观者们毫无条件地称颂，只因为这样做赚取了更多的钞票。

事实往往并不意味着真实。长期以来，培训师始终受到企业的牵制，他们帮助企业主完成不可计数的培训并从中获利。他们并不关心企业行为的性质而只关注经济效益，各行各业的从业人员被训练成机器，他们拥有共同的行为模式，目的就是获得收益。那些因为行为失去尺度而倒在前进途中的企业当然不会把这种责任归咎到培训师身上，直到这时他们仍然认为自己和培训师所做的都是积极而必要的，就像那些为了能把产品销售出去不择手段、无所不用其极的人一样，他们从来不在乎顾客的感受，只是为了把产品变现。如果销售人员这样想，培训师也就找到了受欢迎的机会，他们只需要顺水推舟，默契便一蹴而就。令人瞠目的是，在这类问题上，你经常能看到的情形是企业毫无困难地接受存在明显错误的论调，这种饮鸩止渴的方式也许能解释为什么大多数企业的平均寿命只有十年前的一半。

在今天的诸多培训类型中，这样的例子俯拾皆是，培训师们道貌岸然地走进企业解释某些现象，然后满载而归；企业因为得到了这些解释而心满意足。不过此举不仅没能给企业帮上什么忙，反而激化了培训师之间对于市场份额的争夺——这是当所有人都不求甚解时必然会出现的情形。如果你已经忘记了公输班的木鹊和老木匠的木楔的典故，至少还应该记得胜家和克拉克是如何通过创建“特许经营”和“分期付款”让缝纫机在全美大卖的。在我悉心搜集的素材中，最精彩的案例之一便是当经销商们绞尽脑汁血拼市场的时刻，一个新的商业模式彻底改变了产品销售的格局。

然而，并不是所有培训师经过训练之后在任何领域都能抓住本质。很多人顺理成章地认为培训师的归属就是从这里开始分化的，这主要是因为他们把训练等同于经历，接下来便很难从行业的圈子里摆脱出来。实际上，培训师是最容易被自己误导的群体之一（另一个是人力资源从业者），这足以说明大多数培训师并非真的具备成为培训师所必须具备的能力。一名雄心勃勃的培训师在咖啡厅里热切地告诉我，他将要注册自己的咨询公司，并且运用名校背景开展业务，在公司正式运营之前，他很希望听听我的看法。当我听说他把核心课程锁定在中层管理上并且将自己划归管理类培训师之列的时候，一种不太明媚的预感油然而生。在我看来，他并不具备管理者的天分：他喜欢忙碌的感觉，却总是把各种资源弄得凌乱不堪；他喜欢与别人打交道，却总是因为沟通不畅而遭受质疑；他喜欢雷厉风行，却经常因为思虑不周虎头蛇尾。在八年的职业生涯中，因为与同级或下属关系不和睦而引发的跳槽就达五次之多。虽然他持有不少管理理论，其中亦不乏经典之作，不过对于讲授管理课程的培训师来说，这并不足以说明问题。

你也许会有那么一瞬间在脑海里萌生这样的念头：既然培训师并不一定完美，他也就不是完全没有可能成为管理类课程的培训师，只要他认识到自己所做的一切并不是标准行为便可以了。这种想法在那些具有科班背景的人身上相当常见，甚至有人认为“弟子不必不如师”也可以拿来解释。有意思的是，在这个问题上，很多人被偷换了概念却浑然不觉：对这位准培训师来说，至关重要的并不是能否对于那些现实中的结果形成客观的认知，而在于他对于管理本身的理解缺乏敏感，这意味着即使他在管理领域努力钻研，其开创性认知也只能达到有限的深度。然而现实中这样的例子比比皆是，最有代表性的错觉是当培训师在所有领域都无法挖掘到足够深度的时候，便认为自己可以胜任所有这些领域的培训。

虽然我们把自知放在最后来解释，却无法改变其对于一个人能否成长为卓越的培训师产生的决定性的影响，一个无法做到自知的培训师眼中的世界必定是偏颇的，而对于听众来说，这很有可能是灾难的开始。

第二节　自然：培训生命之源

人类文明从来就没有停止过向自然学习，自然也从来没有失去过让人类惊奇的能力。那些被认为是低等生物的生命体带给人类社会的福音随处可见，从飞鼠到飞翼服、从蜻蜓到阿帕奇、从蝙蝠到声呐、从座头鲸到潜艇、从昆虫到火星探路者，在行为遗传学的推动之下，仿生学已经被划分出不同的门类。尽管如此，人类仍然停留在模仿水平，始终无法破译自然设置的密码。作为自然的产物，人的本质属性是自然属性，在现代文明社会中，这一属性正被越来越多的人所忽视。

工业革命和生产自动化加剧了这一过程，人们在社会环境中疲于奔命，高度社会化的生存方式使人们的认知越来越偏离本性，另一方面，当问题出现却无法通过正确的渠道得到解答时，那些剖析人性的书籍就会受到追捧。人类从诞生起就对星空充满向往，而今，我们不再持有这样的好奇心。在很多人看来，自然是个遥远的视野，除非倦怠到极点，他们才愿意看上一眼。社会生活带给大多数人各种各样的烦恼，他们离自然越远，这种烦恼就越剧烈。

人们正在变得比以往任何时候都更实际。这并不是什么好现象，你会发觉自己更加依赖那些可以直截了当地使用并且带来直截了当的结果的事物，这并不能说明你能在更短的时间里接触到事物的本质，而是基于所有的行为要尽可能减少各种形式的劳作的原则。最明显的变化发生在厨房里，今天的超级市场里摆放着大部分菜肴的调味料包，以汤料为例，你只需要把水烧开，然后把这玩意儿一股脑倒进去，真是方便到家！你能想象每一天都有人对此赞不绝口，它真的方便了我们的生活，可是提供便利一定能提高生活品质吗？每次在厨房里煎炒烹炸的时候我都在思忖：对很多人而言，父母的手艺是人生中最难以忘怀的记忆，而新生代的年轻父母们却大多无法为自己的孩子提供这种幸福。在现在的街头饭馆里，我们能够比以往看到更多的带着孩子吃大餐的年轻人，他们留在孩子们脑海中的味道会一直堆放在超级市场的货架上——他们没有时间亲自下厨，也没有自信不在手忙脚乱之后弄出一锅“粗饲料”——虽然他们当中的大多数人非常希望自己能够做得一手好菜！收入总是和可支配时间呈现反比关系，这些看上去的便利节省出的时间被转移到办公室里，人们由此失去了更多的创造的快乐。

最糟糕的是，企业里的培训师们也在其中。他们当中的一些人已经有所察觉：在近乎机械化的工作中，独立思考的时间越来越少，除了那些模式化的规程之外，思考的自由正在被持续压缩。一旦人们开始信奉那些和离婚协议一样直接的东西，脑力活跃指数便开始迅速下降。如你所想，社会节奏和竞争形势对此负有主要责任，一个普遍性的现象是：思考正在从意识中被淡化，成为人们最不愿启动的部分，我们可以将其归咎于社会环境和职场行为造成的脑疲劳，但不容忽视的是，这种影响的深远程度已经超越了寻常的想象。即使是在那些希望自强自立的人身上，你也能鲜明地感受到它的存在——他们当中的大部分想要的只是结果：用什么工具、看什么书、怎样操作……好像成功就在离此不远的面包店的货架上等着他去取一样。脑力的惫怠不仅彻底粉碎了进步的可能，还造成了意识上的混乱和狭隘。

其中的表现之一是社会科学正在和自然科学产生隔阂。那些常见的自然现象被赋予了可笑的神秘色彩，民众的无知让一些媒体抓住了制造噱头的机会，鳄龟、鲸鲨、麝鼠、白鲟在网站上摇身一变成为怪兽，再加上吃人的字样，就会营造出某种诡异的意味，带来不少点击率。轻视自然知识是实用主义的副产物。如果鼩鼱可以充当代金券，这种娇小的哺乳动物就会被更多的人了解，商人们不会关注鳄雀鳝，除非医疗新发现证明它们可以带来丰厚的利润。自然科学是诸多科学之本，那些最了不起的社会发明都可以在自然界中找到雏形，至于自然界呈现出的“社会性”现象，早在人类出现之前，就已经繁盛了不知多久。

逆戟鲸、黑猩猩以团队形式进行捕猎，组织行为的系统化程度令人咂舌，他们会评估猎物，通过复杂的沟通提高攻击效率。植物利用所处空间的特点改良生长方式，特化根须、叶片和柱头，甚至以特定的方式选择合作伙伴。一些植物选择白天开花，另一些则选择夜晚，前者吸引蜂蝶，后者吸引蛾类和蝙蝠。当一棵刺槐的叶子被食草动物咀嚼时，会向周围释放受到攻击的信息素，下风头的刺槐便会在极短的时间内分泌苦涩物质并集中到叶片上，塞伦盖蒂的长颈鹿取食时逆风而行正是因为它们发现了刺槐的这种行为。实际上，化学沟通在植物之间普遍存在。人类在幼儿阶段对此类化学信息非常敏感，有些孩子会对他周围的人表现出明确的选择性，当一些人接近时，他们会表现出强烈的不快并显得没有安全感。

不仅如此，不同物种之间还会达成某种默契。当查尔斯·达尔文看到特化出超长柱头的花朵时，立刻断言一定有一种吻部超长的小型生物以采集此种花蜜为食，在他死后不久，这个断言被证实。在那些生存资源紧张的环境中，犯罪行为便会出现，这并不限于肉食动物捕食植食动物，杜鹃从出生起就对谋杀无师自通，军舰鸟暴力抢劫燕鸥的渔获，处于繁殖季的企鹅群中盗窃石块之风盛行，切叶蚁用切下的叶片培植真菌以供食用，悍蚁奴役山蚁供养族群，突眼蝇的气功能让任何一位气功大师自叹弗如。人类所有社会行为都能在自然界中找到依据和典型。虽然行为生态学可以解释某些现象，然而自然的存在机制却始终游离于认知之外。

数学作为自然科学的基础学科，并不应该像我们所熟知的那样在课本上存在，我更愿意把它看作世间最了不起的存在设计，从这个角度看，它更接近艺术本身。昆虫为了避开因为同时孵化而造成的食物短缺而选择破土日期，它们没有计算器，却能够完成协同，使不同种类孵化周期的最小公倍数最大化，以便尽可能减少同时出现在地面上的概率。这种能力令人瞠目结舌，如果一种昆虫在地下蛰伏两年，另一种昆虫是三年，二者的繁殖期每六年便会重合一次。在那些食物并不丰富的地区，这种重合将会影响到双方种群的繁盛。

一个问题是，在这种情况下，即使其中之一的蛰伏期延长到六年，它们仍将在同一时间相遇。想要确保各自种群的繁衍，两种昆虫就必须让同时出现在地面上的时间跨度尽可能大。不可思议的是，它们不约而同地选择了素数作为各自的蛰伏期，对于蛰伏期是三和十三的两种昆虫来说，每三十九年才会在地面上碰头一次，如果是七和十七，将意味着它们一个世纪最多只能相遇一次，我们并不清楚是什么使虫子们做出了这种绝妙的选择，但这正是十三年蝉和十七年蝉令人惊叹之处。更加令人费解的是，周期蝉是如何通过控制群体行为，在它们的繁殖周期末将以之为食的鸟类数量控制在最低水平。

圆是全宇宙的基础形状，球形和弧形结构随处可见，结晶体、原子、卵石、水滴、星球、颅骨、胸廓、肢体、器官、茎干、果实以及各种动物的卵。这并不是大气压就可以简单解释的，这里同样隐藏着某种机制，鸟巢、花朵、龟甲、犰狳背甲都被设计成圆形，我们同样不知道是什么让这些稳定的结构以这么丰富的方式出现。在这个问题上，进化论只是一个模糊的概念，它无法解释诸如雪花之类呈现出模糊对称的结构的形成机理。一个众所周知的论断是，圆形代表着使用面积的最大化，这仅仅是几何学的解释，自然对于形状的选择并非这么简单。蜂巢是最惊艳的数学作品，这个伟大的设计经过了高度优化，圆在这里不再是最稳定的形状，它无法组成合理的结构以支撑稳定，三角形可以解决这一问题，却无法满足空间利用的最大化。蜜蜂在建筑结构上的优化能力令人叹为观止，正六边形的单元结构使蜂巢坚固高效，每个单元提供了恰好满足蜜蜂身躯的空间，最了不起的是，这样的结构使用了最少的蜂蜡，堪称生物经济学的典范。世界各地的蜜蜂都懂得如何制造出每一个内角都是标准的一百二十度的巢穴，这样精密的构思从何而来？在每年到瑞士体验滑雪乐趣的人群中，总会有一些人注意到阿尔卑斯山的尖峰，不论是在美洲、澳洲、非洲还是亚洲，人们对山峰充满了敬畏之情，在那些可以追溯到远古的文明里，这种三角结构甚至被赋予更加抽象的意义并充满神秘感。第四王朝的埃及人在开罗西南的吉萨高原上使用这种结构建造了“法老的陵寝”，在中美洲的雨林里，玛雅人使用了同样的结构进行祭祀，这种简单的造型却是与自然最为血脉融通的人工建筑，它与经度、地球重心和地磁的关联匪夷所思，1957 年，约恩·乌松在设计悉尼歌剧院时，采用了同样的原理。考古界曾经一度将注意力集中在猎户座腰带上的主星布局和吉萨金字塔群的比对上，他们随后发现，更多无法解释的现象出现在塔内，是什么使尸体不腐、鲜花不谢、精力旺盛？不可思议的是，在异国他乡，一个模仿金字塔的数学构造建成的缩微四棱锥同样呈现出令人惊异的效果。实验证明，在这个结构中，思维可以变得空前清晰和集中。问题是，几千年前的人们是如何如此精密地掌握这些数据并且建成这个星球上最了不起的建筑？即使得不到详尽的解答，仍然不能掩盖当人们的行为与某些自然机制相互协调时，便会出现奇迹的事实。

正如前面所说，直截了当的行为方式让今天的人们不再愿意享受从事物和现象中获得启发的乐趣，这造成了某种能力上的缺陷。培训师们每个人都能洋洋洒洒地讲出一套真理哲言，却并不知道它们的生命从何而来。因此，我们听到的培训大多死气沉沉，培训本身应该是令人心情舒畅、乐趣无穷的，不是吗？是什么把培训变成这个样子？这并不是个难以回答的问题，你可以使用排除的方法找到答案：如果培训师的长相还说得过去，声音还可以接受，培训内容和结构的编排尽其合理，环境也不错，那么还会是什么？没错，是案例、故事和游戏。问题不仅在于它们本身，还在于它们的呈现方式。几乎所有的培训师都是讲故事的好手，但这不等于让它们保持鲜活。事实上，多数故事和案例的生命力就像出了水的贻贝。真正麻烦的是：它们正是培训师和听众关注的焦点所在。这种情况非常具有代表性：一旦培训师把故事和案例作为思考的起点，他便失去了赋予其生命力的机会。与之紧密相连的另一个麻烦是培训师们都有搜集资源的习惯，虽然这种做法值得肯定，但是从案例到案例，从故事到故事的启示未免显得过于粗浅和单薄，而一旦满足于这种肤浅的资源，培训师的品位便很难得到提升，也难以取得更深刻的成就。

文明的发展仿佛有意识地把人们的注意力集中到自己身上来，人们通过观察同类获得启示，并且试图从中找出规律，这给了那些剖析人的本性的书大行其道的机会。然而这样的启示能有多长的寿命，这些结论是时代的需要还是人类社会诸多问题的根本？如果是，为什么迄今全世界都在研究数千年前中国人的精神遗产？在那个生产力落后的时代，人们的启示更多地来自自然界，这种观察是将人作为自然的一部分而非世界的主宰，从自然界得到的启示使得先人们获得了进一步接近真实的机会，从一开始便确立了宏伟的格局。

显然，这正是古人那些闪烁着耀眼光辉的智慧得以流芳百世的重要原因。今天的培训师们总是试图从社会的角度阐释社会问题，这让他们吃尽了苦头，也让培训失去了根基。

毫无疑问，办公室里找不到真正的智慧，培训师们必须学会从自然的启示中获得力量。

第三节　科技：科技茁壮之力

二十年前，讲师用白色的粉笔在黑板上写下课程重点，听课的再将其挪到笔记本上。这些事至少要消耗 1/4 的课堂时间。不仅如此，讲师们还要忍受粉尘的困扰，一个上午过后，他们就像刚从战场上撤下来的炮兵。现在的培训师们自始至终都非常体面，便携式设备的出现让培训环境变得像专卖店一样整洁。

技术进步带来的变化是显著的。互联网让 21 世纪的人们在瞬息之间便可纵观全球，贯通古今，培训师们也因此拥有了前所未有的丰富资源。科学技术的魅力正在于此，作为最能代表文明层位的关键要素，它总是刷新人们眼中的世界，为那些创造性的劳动提供不可思议的指引和启示。

如果这是一本论述培训技巧的书，一定会有关于演示软件之类的阐述。此书的目的是尽可能从开阔的视角对培训进行再认识，虽然一些内容看上去和培训本身没有直接关系，却一直在深刻影响着培训行业。就像高明的厨师在烹饪时必须同时关注火头一样。不仅如此，即使是提供热量的木炭所属的树种相同，成菜的味道也大不相同。在所有对培训产生关键作用的因素里，科技的影响举足轻重。

科技处于不断地发展与进步之中，培训作为人类创造出的最有活力的活动，具备同样的特征。假如你能从文明递进的角度来看待这个问题就会发现，在所有行业中，培训是最能折射出人类思想状态的领域。既然如此，它必然处在永恒的变化与演替中。如今，在我们目力所及之处，培训正呈现出某种陈腐的牢固：结构死板、内容老套、格局狭隘、思维方式僵化，这让培训行业陷于举步维艰的尴尬境地，散发出煮过火的菜叶一般的味道。在外界看来，激增的培训师数量仿佛昭示着这个行业方兴未艾，事实却是：他们当中的大多数正在不遗余力地展示着空虚的躯壳，演绎着花团锦簇的荒芜。

至于造成这种情形的原因，你可以花费整个礼拜天的时间把它们列在文档里，但对于现代培训师来说最有代表性的是对于科技的漠视。若干年前，当我第一次发现这个不可思议的现象时，不禁深感意外。时至今日，你仍然很难找到关注前沿科技的培训师——即使是三十岁左右的新生代培训师。大多数培训师对于科技的理解仅限于应用：光照充足、电量饱满、投影仪流明足够高、常规软件运行流畅等。这一切似乎在追求某种仪式上的稳定，不过因为缺少了探索精神，这些常规做法无法带来更通透的体验。不论是形式还是内涵，改变是所有超额收获的起点。

在过去的一百多年里，科学技术呈现出集中发展的态势，这个趋势仍然在延续，因为起点实在太低。牛顿在揭示苹果落地背后的秘密之前，人类甚至无法解释这种随处可见的重力场现象，至于这个被称为重力的东西是否足够合理，自命名之日起就在经受质疑，这本身是否也可以说明科学技术正是“发现”的表现形式之一？这样的观点会招致一些人的反感，尤其是那些被现代科技恩惠了的人。

我并不否认科技带来的那些改观：可视电话、超音速飞机、便携式电子设备以及无线传输技术的确带来不少便利。但是，这并不能消除科技还很落后的现实。这不是一本哲学书，也不会涉及关于生产力的辩述，不过只要稍加留意，就不难发现这些迹象。

爱尔兰踢踏舞是众多舞蹈门类中最为抢眼的种类，人们被一系列不可思议的高难动作深深折服。那些需要付出巨大代价才会修成正果的行为总是被尊崇，踢踏舞就是其中之一。控制双脚的动作比控制双手困难得多，当舞鞋发出高频撞击声时，观众的狂热也就不难理解了。当史蒂夫在早晨的阳光下对他的双手着迷时，是否想到过大西洋彼岸那群可以用脚敲鼓的人？即使某双脚可以在一秒钟之内敲击几十下，也无法做出 OK 的姿势，踢踏舞者创造传奇的代价是束缚双手以解放双脚，他们不得不放弃手臂的动作以便集中精力表达那些最艰难的节奏。而不得不面对手脚并用难题的是钢琴家，弗拉基米尔·霍洛维茨必须集中精力才能让斯坦威钢琴发出悦耳的声音，他必须兼顾手和脚的动作并使之珠联璧合，这肯定算得上人的一生中所能遭遇到的最别扭的事，这意味着他必须把精力协调地分配给四肢。从第一次坐上琴凳到额头上最后一根黑发消失，钢琴家从来没有停止过这种技能的锻炼。事实是，人类的手和脚并不是被设计为同时使用的，很可能正是这种设计使人类获得了足够的集中力而区别于其他生物，也正因如此，人类的手才有了更为丰富的表现力，并且成为神经最密集、反应最快的器官。手可以在极为狭小的空间里准确定位，控制力量、速度和位置，真是值得自豪的设计！任何违反这种天然设计规则的行动都将是困难的，人们必须要为掌握这些技能付出努力。

从这个角度来看，汽车是人类发明过的最失败的机械。这也许可以解释它为什么还是事故率最高的交通工具。斯坦威钢琴不会因为钢琴家踏错了踏板而把其甩下乐台，司机却会因此在几秒钟之内失去生存的机会。从第一辆汽车被发明出来直至今日，这种金属器械没有发生过任何实质性的改变，每一年都会有数以万计的人在那个狭小的空间里遭遇不测。任何精致的工艺和昂贵的漆料都无力化解这种隐患，危险往往就在试图协调手脚的瞬间发生。另一个危险来源于驾驶室的结构，那些驾驶着最昂贵汽车的人是否意识到自己正坐在最不合理的设计空间之内？突兀的转向盘解放了双臂，却占据了本应留给最不堪一击的身体正面的最宝贵的缓冲空间，形成了一个无路可逃的封闭结构，这个结构的第一杀手便是转向盘。今天，一些机构致力于自动报警、自动驾驶和车身构件的研究，这对司机在关键时刻的需求并不能提供切实有效的帮助。20 世纪 90 年代，梅赛德斯—奔驰曾经推出过一款使用操纵杆的汽车，这款车的驾驶位不再有转向盘，然而它很快淡出了人们的视线。就在阅读本书的同时，数以万计的准驾驶员正走进驾驶学校，学习如何开动这些笨拙的机器。

现在把视线转向空中。从第一架飞机升空至今，飞行器的外观设计日趋一体化，站在工程力学的角度，对飞行器最严重的威胁之一就是应力集中，这种力出现在那些最脆弱的部分。就像坐在飞驰的火车上，把手臂伸出车窗带来的那种强烈的不安全感，如果一只山雀恰好撞在手臂上，一定会给彼此留下痛苦的回忆。为了降低应力集中的影响，飞机设计师不得不采用大量弧形结构，这一点在主机翼和机舱的接合部最为明显。而那些超音速的飞机则必须尽可能让机翼和机身融为一体，如果不能，就必须扩大前翼线和机头的夹角，协和飞机是这种设计的典型代表，它甚至以近乎直角的结构将机翼以最稳固的方式和机身连接在一起。如果一架飞行器以几倍马赫的速度飞行，就必须确保它的结构不会在巨大的阻力中解体。第二次世界大战晚期，纳粹德国研发的碟形飞行器一旦研制成功，将给全球带来更加巨大的灾难，值得庆幸的是计划胎死腹中。在那些地球上最负盛名的工程师手中，这个形状代表了飞行器的完美结构。空气动力学让人类飞上天空，却并没有赋予我们随心所欲的能力，因为它几乎以同样的方式束缚着这个领域的持续发展，牢牢控制着所有权。

化学和微生物学的进展推进了医学革命，这同样是最令人感到无助的领域。每一年都有成千上万的中老年人因为心脑血管疾病辞世，人体的结构显然遥遥领先于医疗水平，错综复杂的血管成为不可逾越的屏障，患者在大量药剂的摆布下延长缺少质量的生命。从20世纪开始，每隔十几年，都会出现区域性的疫情，进入新世纪以后，新疫情出现的周期明显缩短，影响范围和传播速度却在持续加快。世界各地的医务工作者和研究人员在千奇百怪的变种病毒面前疲于招架。即使是标榜医学发达的今天，当患者走进医院的时候，也必须继续忍受几小时的痛苦。在拿到化验单之前，医生无法解释他们的病情，为了给出一个负责任的交代，医生不得不花费大量时间获取依据。有些时候，即使是化验单和影像也无法帮助医生获得更多的线索。虽然孕妇可以在孩子出生之前就看到3D影像，同样的技术对于肿瘤、毛细血管和神经组织却无能为力。

史蒂夫·乔布斯做过的第二件了不起的事，是在工业产品中实现了一体化设计，在所有使用苹果设备的用户看来，最吸引他们的元素之一就是一体化设计，冲压技术使这些电子设备看上去更加有机，这并不是因为他们的机身材质是金属或者过渡元素，而是因为一体化。在自然界，一体化是所有有机生命体的共同特征，一个健全的人的身上，是看不到接缝的。天衣无缝并不在于它有多么高贵，而首先在于一体化的外观。就像人们仍然在使用“浑然一体”之类的词汇以表达这种难以言喻之美一样。即使如此，史蒂夫并没能从本质上改变这些设备，他仅仅是完成了外壳的改造。那些广告页面里熠熠生辉的最新款式的电子产品，也没有真正实现一体化的设计，这缘自工业水平的制约，打开靓丽的外壳，里面是裸露的电线和电容，没有什么比这些红绿相间的东西更加丑陋，一滴水或者一次震荡，就足以毁掉整部机器！消费者为了外观埋单的代价就是他们必须不断追随更新的款式，这正是高明的设计师们赖以生存的另一个自然规律，这个规律将在后面的章节里进行具体的阐释。

这样的例证能够在每一个领域得到呈现，科学技术正比任何时代都更强有力地制约了人类的视野，意识因而被局限，思想因此停滞。即使是高能粒子和遥感之类并不新鲜的研究领域，也没有带来可以改变生活质量的实惠，隐身其后的是人类社会的根本问题，来自各种力量的约束和控制。几年前，当我第一次使用概念性空间全息技术设备进行培训的时候，便意识到，新技术将会带来多么全然不同的体验。

第四节　解缚：培训腾飞之翼

这种说法并不是说人类还没有从蒙昧中醒转过来，而是具备了可以加速认识客观世界的能力。如果不带着宗教或者信仰偏见来看待这一问题，会更有帮助。在过去的那些年里，中国培训界陷入了思想的更替潮，各种培训形式像流行歌曲一样风起云涌，却没有一种能够形成深刻的影响。如果一定要选出一种，估计会有很多人把票投给国学。在那些专门为领导者设立的培训班上，国学已经成为必修课。一个培训总监对我说，国学很博大，但并不能给企业带来什么实质性的帮助。这当然不是国学的错，症结也许在于领导者们没有摆正国学的位置，不过缺少载体却是最重要的原因所在。国学的源头是自然，这种自然虽然不是《道德经》里的自然，却是后者的表现，自然界的诸多现象为智者提供了思考的素材，使那些伟大的人物得以不断提升思想的高度。

正如前面的章节中提到的，在对经验和历史的盲目崇拜下，文明无法正常进化，思想也将被桎梏而不再拥有勃发的力量。人们必须认识到，那些曾经引领文明走出蛮荒的伟大思想是文明进步的推动力而非阻力，后继者的责任在于探索更广阔的未知。

想象力比智慧更为重要。一个具有代表性的现象是，越是具备科学知识和逻辑思维结构的人，越不容易如实地描述出事情的真相，他们更愿意用自己已经掌握的知识判断事物——即使他们从来没有见过。大多数人会同意这种做法，直到他们发现自己的认识和事实发生偏差。他们在寻求答案的同时做着两件事：一边在寻找已经被固化下来的知识在等待判决的事物上的影子，试图从经验中得到符合逻辑的解释；一边在下意识地屏蔽超越已有知识范畴之外的思维活动，这种约束禁锢了思维的自由，而自由思维一直是人类实现各种突破的强大武器。

当我在家里潜心写作的时候，三餐便成为我不会在意的那一部分信息。有时，家人觉得我有必要更新菜单，我会走到露台的储物间，转一个圈，然后说：只要和他们吃一样的食物就好。这个过程中，我的目光一直徘徊在那些每天都能看到的蔬菜之间，既不会有更多具体的想法，也不会想到它们之外的那些食材，比如晚餐是不是有必要增加烤海鲜或者炸鱼。我的思维被储物间这些实实在在的东西束缚住了。

在我的培训班上，总有一些学员提出关于学习效率的问题，这些精明强干的人面对教材的黑体字一筹莫展，考试令他们备受煎熬。另一些人则表现得轻松自在，这两个群体被年龄划分开来，困难出现在三十五岁以上的群体中。他们把问题的原因归结为自己已经远离传统考试模式，真是这样吗？我不止一次在不同地点使用不同的记忆方法以提高他们的学习效率，尽管方法有差异，他们的进步却都是显而易见的，然而让他们使用同样的方法独立操作时，效果立刻回到了起点。显然，问题不是出在方法，而是运用方法的思维模式上。年龄增长，阅历增加，经验积少成多，大多数人热衷于收藏经验而不予鉴定，这些被奉为标准的经验将最终生成意识壁垒，限制思维的拓展。在现实生活中谈及某一话题时，被屏蔽掉的谈资比用以交流的更多，那些声名显赫的人的顾忌要比常人多出几倍。在企业的管理层，戴着扑克牌脸的经理人不会加入商场打折的话题，即使她们对此饶有兴致；决策层扮演着恒温箱的角色，即使在通往办公室的过道里遇到可爱的孩子，也只是有分寸地面露微笑而不会抱起他们；资深职员会尽可能减少和新人的接触和交流，他们轻视新人的想法和建议，不恰当地抬高经验的价值；大多数成年人不会轻易表态，对那些不被广泛接受和尚无定论的话题讳莫如深，以免背上不成熟的评语。

在一些人看来，谈论那些匪夷所思的东西意味着背离科学。其实早在科学出现之前，人们就已经遵循着自己的模式生存，各种活动已经在进行。在观察并且得到的知识和素材达到一定的底线时，有意识的思考才成为酝酿科学的源头。即使在今天，仍然有很多现象游离在已有的知识储备之外，就像科学尚不存在的时代一样。超自然科学并不是缺少严肃感的科学，而是使科学疆域得以拓展的事实依据。人类必须在无法解释时保留敢于认识的勇气，才可能在接下来的探索中获得真知，而不是以武断地否认或避而不谈掩盖孤陋寡闻与无知。

任何事物一旦被固化下来或者形成某种特定的机制，就意味着围绕着它的所有可能性将被终结。人类的一切行为都源自假设和想象，在认知世界的真实面貌的问题上，否认永远是成本最低的方式，作为逃避现实的选择，它的妙处在于能够以看似严谨的外表躲避问题的实质，并尽可能避免在专业领域陷入尴尬，这无疑是掩饰无知的最好方式。那些叫嚣着逼迫反对者拿出真凭实据却没有一点务实精神的人其实非常清楚，即使是两米外的一只猫，想要逮到它也绝非易事。

我们的确与真实的世界相去甚远。

大多数人缺乏自然科学知识，这使人类越来越脆弱，并且不断发明更加强大的外力设备以保护自身不受伤害。培训师也正在犯着同样的错误。在国学被捧得火热的年代，几千年前的圣典被重新赋予神秘的色彩，人们又开始重新认知自然，在这个问题上，现代人的确是落后的，那些原本就应该融入血液中的信息由于极度匮乏而最终形成了与圣贤的差距。稍加注意便不难发现，在那些古老的书页中，记载的正是基于自然万象为根本的思想生发，山水草木、高天阔地带来的智慧，体现的并不是古人的伟大，而是现代人的孤陋寡闻和空虚。而诸如《山海经》和《水经注》中记载的那些匪夷所思的生命现象，更是千古之谜。有趣的是，人们对此的嗤之以鼻和对其他古籍的狂热崇拜形成了滑稽的对比，原因仅仅是后者能够理解而前者不可思议！

在新文化思潮中，人们对待外来思想的态度呈现出同样的规律。从 20 世纪末开始，人力资源管理和管理学的相关理论传入中国，带动了新一轮的迷信。至今，我们仍然能够毫不费力地找到它们的后遗症。在很多企业的管理人员口中，只要求结果是最常见的口头禅，听起来带有专业的残酷味道？人们接受这样的论调多半是因为他们的命运掌握在别人手中。在企业里，个性化是奢侈品，大多数人必须无条件地接受各种工作指令——甚至是不恰当的指令——当人力资源部把绩效管理理解为结果评定时，一幕完整的悲剧便会形成。雇员们没有选择，他们必须得到尽可能多的薪水，为了少犯错误而做出的牺牲都被认为是值得的。而在那些能够接触更多外部资源的工作中，他们还要忍受各种轻蔑和羞辱。这些经历会摧残心智，让他们在乖张的工作形象之外变得暴戾和缺乏耐心，并承受由此带来的心理上的双重疲劳。当某种偏执发生时，不良后果也会随之滋生。忽视过程的代价是惨痛的，食品安全问题已经全球化，人们对食物的担忧来自规模化的食品工业，流水线上的每一个步骤必须为利润负责，当有人为此患病甚至失去生命的时候，人们便不再只关心那些塞在色彩缤纷的包装袋里的成品。

比较而言，雇员的确不比管理者更聪明，高档写字楼里的雇员肆无忌惮地嘲笑那些低收入的同行，狂放地挥洒着优越感。另一些人则更有希望，缘于他们很清楚，除了他们本人以外，那栋富丽堂皇的建筑物里，没有一件东西真正属于自己，不是曾经，不是正在，而是从未。与之相反的错觉则非常普遍，我曾经在培训论坛活动中遇到英俊的市场经理——一个头发抖擞目光震撼的中年人，他自始至终咄咄逼人地追问所有的话题，“给我数字”是谈话过程中他所说过的最多的话，他身上带有那种资深职场人的特征：冷酷、傲慢和令人生厌的优越感，专注的表情，沧桑的眼神，格式化的举止。他们所做的是与本性相反的事——试图通过生活工作化使对方在陷入工作氛围的恐惧感中获得满足。这些人可以给企业带来利润，却不会对任何同类的健康发展做出有价值的贡献，不管你是否相信，这些做法就像给鹅填食以取得肥美的肝脏一样丧心病狂。为了能在餐馆卖上好价钱，鹅能活多久已经不再重要。

企业正在失去掌控命运的能力。这种境况悄无声息地使培训师发生趋同进化，培训师的抉择迫在眉睫：是依赖企业生存还是企业健康发展的催化剂。对于满足于金钱的那部分人来说，这并不是问题，而对于极少数人来说，这是革命性的问题。他们的区别在于：前者是商人，而后者是培训师。

第五章

培训的未来

十几年前，当我发现培训正在成为某些邪恶行径的帮凶的时候，不禁感到阵阵寒意——培训正在失去行为准则。若干年前，在一场营销培训中听到这样的豪言壮语：走别人的路，让别人无路可走。我至今还清楚地记得几百名听众几近癫狂的响应。现在，听上去脍炙人口充满深意——至少直观上如此——的名言警句已经成为大部分培训师的镇宅之宝。但这并不能掩饰缺少良知的事实：培训师的价值观出了问题，他们正在把自己打造成赚钱明星而不是“灵魂的工程师”和从事“太阳底下最光辉的职业”的人。培训师群体正在变成一支快速反应部队，行动的第一准则是有求必应，他们不再关心培训需求的品质，并且为了追求满意度恣意揉捏培训内容。对培训师而言，省掉判断的过程可以让培训交易以最直接的方式达成，在最短的时间拿到丰厚的报酬。这样的培训将引发无法预想的后果，新问题加速滋生，原有的问题持续膨胀。这个关系对女士们来说更好理解，在干燥的日子里，她们会使用润肤霜，而不是直接把自来水喷到皮肤上，否则，在瞬间的舒适之后，会遭受加倍的折磨。你也可以在自家的窗台下看到蚂蚁们是如何尽其所能帮助蚜虫逃避敌害，却全然不顾植物因此枯凋。

培训师正在成为血统纯正的商人，很多人死死咬住市场，并且坚信只有有广泛市场的培训才是好的培训。你能从中看到不顾一切的贪婪，因为这种市场并不是具有前瞻性和积极意义的市场，而是建立在他们的猎物对培训行业缺乏了解的模糊认知之上。对于那些迷茫、彷徨、无计可施和急需甘霖的人们来说，这将成功地把他们引入歧途，就像迷途的人在浓雾中被从这一处领到另一处。一个流传颇广的故事是：一群乞丐就皇帝如何吃饭的问题争执不休，直到一位老乞丐出面澄清：皇帝是用金饭碗讨饭的。老乞丐并不会被质疑，也许还会获得更多的崇敬。在那些只掌握了十以内加减运算的人眼中，懂得平方运算的人是高大伟岸的。不从字面和情感的角度理解，“笨蛋被更笨的笨蛋崇拜着”便是一种普遍存在的心理状态。这并不奇怪，不过这个模式可能产生迥然不同的结果：一种传道者视自己为真理，不自觉地降低了求道者的需求层次并使之对于自己的教义深信不疑。这可能缘自传道者本身格局过于狭隘或者见识有限；另一种传道者知道自己并没有什么道术可言，然而看到求道者求知心切，干脆因势利导，全副伪装，想要什么就给什么。这样做不仅是因为有利可图，还能得到称颂和奉扬。他们会极力维护自己的教义却并不在乎其是否有价值，他们非常了解，一旦求道者获知真相，便会离开去寻找真正理性的需求，自己也就无钱可赚。这样做可以从很大程度上规避风险，一旦有朝一日真相大白，他们只需要把责任推到求道者们身上就能全身而退。毫无疑问，这种做法丝毫没有考虑求道者应该走什么样的路——不管他们看上去多么受重视——那只是为了骗取钱财制造的假象。实际上，施术者的做法就像给一个轻生的人烈性毒药而不是挽救生命。如你所见，上述“传道者”都在人为地误导求知者，这极大地增加了准培训师们的成长成本，当有一天他们幡然醒悟时，将会痛苦地发现他们将为清除错误的信息付出多么巨大的代价。

在另一些人那里，被打磨得闪闪发亮的培训正在演变成纯粹的感官刺激。这样的刺激每一天都在川菜馆里发生。在中国，川菜馆总是座无虚席，即使大多数人并不清楚辣是痛觉，仍然不影响他们成为川菜的忠实顾客。在全球范围内，再也找不到第二种在分量上不分伯仲的主辅搭配，巨量的辣椒和麻椒在降低敏感度的同时搅散了食材本身的味道，造成虚假的饱腹感。一位川菜厨师曾经对我说，新派川菜的色泽较以往更加迷人，却变得聒噪而缺少内涵，食客的体验因而被削弱。在那些遍地开花的新派川菜馆里，顾客支付的费用与他们实际所得并不相符。不仅如此，他们甚至很难品味到食物的真实味道。从实用角度讲，这种看上去很爽快的饕餮和乘坐过山车一样都是在为寻求感官刺激埋单。一道被辅料喧宾夺主的菜肴无法凸显材质本身的妙处。不论是在广东还是西班牙，最上等的食材往往采用最简单的方式烹调，以保证食物自身味道的每一个细微的层次都被完好地呈现。我无意诋毁新派川菜，不过客观地来看，它和可卡因的作用确无大异。艺术的魅力并不取决于呈示是否直接而在于其深度，爽快的口感的确可以美在一时，不过特色和品位终究还是两回事，新派川菜的问题出在过于追求刺激与华丽而失去了灵魂。

遗憾的是，那些本来非常明确的行为被人为地模糊化，不断加深的商业化进程助长了这种趋势，培训师们浑然不觉自己正在做着与初衷相悖的事情，又或者，一些人不是看不到，而是不愿意懂。不管是哪一种情形，都将为那些始料未及的麻烦埋下伏笔。

所有培训师都不可避免地要面对格局问题。那些效果不彰的培训大多因为格局问题而不了了之，很多门类的培训也因此沦为鸡肋。一位分管培训的高层告诉我他必须在那些明知道无效的培训上花钱，以保证每年2/5的外请培训如数完成。这些培训包括诸如团队建设、执行力和跨部门沟通。他说他从那位威名赫赫的管理大师口中听到的最多的话就是“把同事变成你的哥们儿”，这样的说法如果真能转化为现实，结党营私就是必然，这种内部交易看上去很美观，却形成了企业中最不值得消耗的成本，一个沉溺于研究如何搞好关系的企业必然前途暗淡。这种安眠药式的培训俯拾皆是。基于这样的观点，培训师应该致力于研究如何以企业行为平衡人际关系而非直接研究关系本身。

被广为推崇实则收效甚微的另一个典型是心态培训。这类培训名目繁多，鲜有收效的主要症结在于对心理学的过分依赖。不能不说，这是心理学作为和外语、计算机一样的工具被盲目夸大后的必然结果。心理学正在成为明星化的学科，成为教化人们在心理上逆来顺受的帮凶，用它作为转变心智的工具堪称卑鄙！对于在那些无法提供发展空间、待遇水平已经无法满足生存、组织环境恶劣的企业里工作的人们，再曼妙的词汇也无法使心情变美丽。曾经有一位总经理抱怨前来面试的研究生没有造就，原因仅仅是那个年轻人在面谈过程中询问了待遇。每当这个时候，马斯洛的理论便被束之高阁。对于那些无法给员工未来甚至连安全感都无法保障的企业，心态培训就是悲剧。那些能够自主克服困难不断取得进步的人并不是因为知道如何调整心态，而是善于规划和制定目标。他们为每天的进展感到兴奋，为目标明确能时刻保持进取之心而泰然，几乎所有人都能感觉得到，漫无目的和无所事事最容易引发烦躁，这并不难懂。

培训的宗旨是成人之美而不是乘人之危，任何受利益驱使而采用蒙蔽手段误导不明真相的求学者的行为都应该受到谴责。在新时期，求知者必须拥有足够理性的判断力，才能保证做出理智的选择。传道者必须恪守职业道德，力在呈示事实而不是隐瞒甚至欺骗。而要使培训行业走向良性循环，这个链条中的所有节点都必须以空前的勇气投身于开拓性的努力之中。

第一节　站在未来看现在

今天的人们早已经习惯站在企业的角度看待培训师，就像在熟悉的时间安排一日三餐。不过，习惯只能解释现实而不是事实，那些过午不食的人并不会因此而失去长命百岁的机会。习惯会让一些行为变得相对稳定，并造成停滞。很难说这是好处还是坏处，不过从对意识的影响上看，这容易使人变得迟钝。无数事实让我们相信，和这个如影随形的对手理性地抗争得到的收获经常比中头彩大得多。

当史蒂夫·沃兹尼亚克在家酿俱乐部里分享自由信息的时候，他不会想到三十年后电脑会像杂志一样轻薄。在人类试图掌控的所有资源中，最有力的制约来自时间。作为自然规律，大多数人的年龄和心智模式呈现比例关系，而预言家也因为非凡的能力成为众人膜拜的对象。今天，文明的演进使思想得以通过越来越多样化的方式缩短时间两端的距离，站在未来看现在也变得更有实际意义。

如果有人说培训原本就不应该是现在这个样子，你能想到什么？也许是：培训应该是什么样子？假如你接受了上一段的暗示，也许还会准备来一次时间之旅。这主意不错，不过还没有触及精彩之处，你很快就会发现，从形式或者概念上做文章是愚蠢的想法，在这类问题上，最好还是从存在的合理性上入手。

转换角度之后，问题几乎是立刻就出现了。

长期以来，主流的教育和培训活动都在致力于掌握工具、方法和模式。从一开始，人们就受到了各种限制，某些不符合天性却可以达到某种特定目的的行为被毫无困难地接受，并且得到宣扬。在学校里，学生们会遵照教师的指令学习，他们这样做并不只是为了避免在考卷上看到令人抓狂的分数，从某种角度，这也是他们的精神寄托。绝大多数成年人就没有这么幸运，自从他们离开教室的那一刻起，便被孤立感包围，没人能够明确地告诉他应该做什么或者如何做，尤其是在那些最关键的时间段，因为其他人也在面对同样的问题。他们必须找到一种新的方式让生活继续下去，在此期间，一系列事情会把注意力自然而然地转移到事务性的活动中，生活开始变得程式化。当大多数人开始进入这个模式的时候，便开始远离认识、发现和创造，虽然他们会找到类似的感觉，但那大多只是生存环境的反射。这可是个问题，没有足够智慧的时候，人们努力提高认识；具备了之后，进程却停滞了。培训本该解决这个问题，不过，它已经成为非理性竞争的工具。在企业环境里，花样繁多的理念让这一切看上去顺理成章：企业主越来越注重员工的薪酬，员工们也非常乐意接受特定的培训。现在，已经鲜有企业不懂得以人为本，每一年都有数额不菲的资金被投入到各项培训活动中，员工的职业化水平越来越高，绩效飙升，利润翻倍。企业提供的条件越来越便利，待遇越来越优厚。人们心情愉悦，这好像很值得皆大欢喜，不过这一切都是为了给增加利润扫清障碍。企业主当然明白提高人力资本价值的好处，他们会为员工提供更强有力的培训，以确保在战场上立于不败之地。然而问题没有这么简单，大多数强迫劳动——包括被培训——之所以能够被接受，是因为它们都是以可以预见的获利作为目标。从这个角度来看，企业和员工之间确实在进行交易。员工违心地完成工作，在最不爽的时候接受最苛刻的要求，他们当中的大多数人不喜欢这样，不过这可以赢得额外的金钱、待遇、赞赏和机会。事实是，把没有选择作为选择是大多数问题的母体。人们像演员一样做事，心照不宣。于是，关键性的问题被成功地转移了，人们关注的问题不再是应该做什么，而是应该为企业做什么，当我还在企业里工作的时候，能够强烈地感觉到这种带有被要挟意味的压力。

虽然现在已经很少有企业不重视培训，却并不意味着培训比往常更受听众欢迎。据我所知，除了等候晋升的极少数人之外，大多数企业的职员对此态度消极。一名人力资源部主管对我说，这是一种新的压力形式，因为需要检测培训效果，员工们要背负除了正常工作之外的额外课业，比他们更紧张的是部门经理，这无异于在他的背后放上了刺马钉。这种让人不舒服的现象只有企业里才会出现：大多数企业培训强加给职员们共同的需求，显而易见，这需求来自企业。接下来就是所有人在培训的鼓舞下齐头并进，目的是让外部的竞争对手无力反击。自始至终，企业都在操纵着一切。今天的企业培训始终在强调一个牢不可破的逻辑关系：培训活动的优先级依次是组织需求、工作需求和个体需求。在本书的第二章中，我们讨论过创造力来自个体而不是企业的问题，并且论述了企业并不是创造力的母体，而只是借助了它的力量。鉴于此并结合对培训效果的广义理解——社会背景而不是企业背景，真实有效的培训大多不会发生在企业里。也就是说，真正有效的培训往往是基于个体需求的培训，而不是企业行为。我并没有偷换概念，两种需求的出发点存在差异，而且在大多数情况下，他们体现为不可调和的矛盾，这是因为现阶段企业的需求是增加利润，而员工的需求则是实现自我发展，这两个看似容易统一的需求却总是因为方向差异过大而失之交臂。企业不能允许逻辑调转的主要原因是纵容个体欲望会让员工们不再依赖企业。一部分企业主意识到两种做法都存在明显的隐患，于是使用一系列手段进行调和，比如制订更加明确的职业生涯规划，不过这样又承担着组织内部关系失调的风险。另一群企业家则采用了更为高明的方法达到目的，他们实施了某种程度的放任，就像微软那些装点得像废品收购站一样杂乱的办公室——可是就是有人有这样的需求，他们在干净整洁的办公桌前不知所措，在乱七八糟的环境中灵感奔涌。“美妙的凌乱”正是个性化的要求。同样的，如果穿着棉拖鞋更有助于产生灵感，为什么不呢？一位朋友邀请我到他那个位于核心商圈的公司喝咖啡的时候，我就看到了这样的场面：花花绿绿的棉拖鞋、奇形怪状的挂饰、懒洋洋地躺在速印机上的猫，吃了一半的水果比萨饼，组成了迄今为止我见到过的效率最高的企业的标准照。而在国有企业极大丰富的清规戒律的背后，却是作为低效率代名词的尴尬。

到现在为止，我们的描述蕴含着一个问题的两个视角：个体的判断力和企业的判断力。个体的判断力决定了诸如如何择业的问题，企业的判断力则决定了能否正确地使用人力资本，二者的最终目标都是最大限度地激发创造力，实现效用、价值或影响最大化。这有点像作物种植：不同的植物在各自适宜的环境中生长，每个种类都会在漫长的时间旅行中参与动态的演化，以便在适应环境和保持生命力的最佳状态之间找到平衡。早期的人类在决定栽培哪些植物之前会进行长期的观察，他们会筛选出表现最出色的品种的健壮植株，在掌握了最有利于其生长的特征性因素——诸如光照、温度、高度等——之后，将其移栽到特定的地点。如果他们想要从这些植物上得到收获，就必须遵守它们的生长习性和规律，或者提供更有利的环境。

现在，我们从社会活动的角度分析二者的关系。

个体的判断力是决定性的。大多数人在接受第一份工作时对将要进入的行业缺乏了解，他们不得不暂时收敛没有明确方向的雄心壮志，力求在阻力最小的情况下度过这段艰难的时光，在这一时期，他们会陷入对各种不可预知的事物的惶恐和茫然中，毫无疑问，职场新人是他们人生中被赋予过的最不愉快的称谓之一。这还不算，在接下来的几年或者十几年里，他们将花费大量的时间在那个方寸之地完成从新手到老手的转变。这是不得了的成本，如果你习惯于从行业或者社会的角度审视这一历程就不难发现，从社会人到职场人的转化成本与此相比简直不值一提。然而令人惋惜的是，这个巨大的成本之后并不是结果，一个职场人真正开始实现价值增值是从他成为老手的那一刻开始的。这就意味着，对于大多数人来说，当他们排好下半生的日程表准备享受退休的快乐的时候，其实刚刚站到创造性劳动的起跑线上。在国家复杂的体制体系中，教育机构正在承担着这项任务，比如分布在各地的职业技术学校或者职业资格培训机构。他们所做的事是要尽可能缩短这个漫长的转化周期。每一年都有大批年轻人出现在职业资格培训的现场，而在另一个群体里，职称证书成为衡量专业成就的显赫标尺。

然而，在此之后，你便很难看到能够让人力资本价值继续增值的活动。企业培训算吗？也许会算，但在中国，大多数企业培训仍然停留在巩固这一成果的水平。这和企业的意识形态有直接关系，我们能从最热门的培训课程的分布情况中发现规律：企业的最终目标仍然停留在致力于维持环境稳定和增加利润上。

不管你是企业里的常规分子还是功勋人物，你所做的一切真的能够代表自己的最高生产力吗？每个人都会或早或晚地陷入这类问题中，也许是在参加工作的第一天，也许是拿到优秀员工奖金的那一刻。人们想要知道这些作为究竟是不是自己天生的分内之事，于是参加更多与奖励相关的培训，这让素质和能力的提升看起来更像是纯粹的逐利行为。而当他们当中的少数人试图寻找隐藏在更深处的真相时，却又苦于无能为力。这是因为人们已经习惯于把培训视为为企业提供服务的诸多支持之一。

你大概还记得在第二章的末尾我们曾经讨论过的关于非线性的创造力是如何极大地推进了历史的进程，这里有一个更容易把关系表现清楚的机会，相对于第一章通过时间维度表达先后来说，这种呈现更容易让人们理解培训和企业的关系并不是先有鸡还是先有蛋的问题。技术革新意味着新的开端，就像移动电话的出现改变了全球通信行业的格局一样，显而易见，决定性的力量取决于前者，而不是企业。然而企业已经占据了人们的大部分生命，人们离不开企业并不是因为它提供的产品不可或缺——就像蜡烛厂减产并不会让你摸着黑走进卧室一样——而是到企业里工作已经成为最主流的选择，这种过度依赖约束了创造力，当然，也为新生产力的产生制造了潜在的障碍。这个问题不太轻松：各种组织把人们划进各种职业，这样做的原因通常并不是因为某些人更擅长做某些事，而是出于某些非常原因。问题是，从各种表现上看来，划分的结果只是在巩固自有力量，而没能激发每个成员的创造力，这使群体变得有些古怪，今天的团队建设培训总是从很远的地方绕开这个问题：在很多团体里，大部分人的加入只是在为自己寻找不同程度的庇护而不是出于其他更积极的原因，诸如那些世袭的职位和非同一般的裙带关系表现的那样。这对于其他人来说意味着不公平，于是他们想方设法地扭转局面。当他们发觉依靠关系无法解决问题时，从外部寻找优势的欲望便会萌生。然而如果他们能够换个念头，重新确定方向，事情就有可能完全不同。这样的事情每天都在发生，这种危机感或者渴望——随你怎么说——一旦出现，一个全新的开端便显露出来，他们开始变得饥饿，真切的需求由此产生。

在所有迫切的需求当中，方向性的需求永远位列榜首。前面我们已经说过现在的高等院校里都会设立就业指导中心，不过就像学生们自己评价的那样，这种机构可有可无。这个问题并不只存在于校园里，你还能在社会上那些所谓的职业指导和职业规划咨询服务机构里找到它。有些机构会把毕业生们组织起来，参加各种思想教育和游戏活动，很多活动和企业所做的拓展训练一模一样，当然，最受关注的是那些职场老手的现身说法。

我曾经拜读过一家机构长达六页的课程明细，真可谓应有尽有。单就内容而言，这份材料简直无可挑剔，任何拿到这份资料的人都有理由相信作者为此投入了大量的精力。可是角度呢？恕我直言，我没看出这东西对那些对未来既渴望又茫然的年轻人有什么帮助。从头到尾听了他们的培训之后，我更加坚信自己的判断：经过训练之后，学生们或许身体更结实，意志更坚定，不过这和他们能否对未来做出理智的选择毫无干系——现实生活中抱着歪理邪说死不放手的“倔驴”并不少见。这套训练计划里包括如何找到一份工作，如何在职场里站稳脚跟，如何调整情绪，如何端正心态以及其他能让一个毛头小卒尽快变成“白骨精”的必备要素。好像什么都讲了，却又什么都没讲，难道所谓的规划就是请一批饱经风霜的人传授如何走他们的老路，在学生们的内心塑造职场的标准形象，再叮嘱他们要好好在企业里经受折磨，还要在忍无可忍的时候装作若无其事？学生们学到了生存的法则、职场的现实、该有的心态，唯独没有学到客观理智地看待世界的方式！问题在于，他们当中有些人可能会成为企业家、商业巨子、技术精英和各个领域的开拓者，又有谁会诚实地告诉他们社会运转的机理？这难道不是他们最迫切需要了解的吗？当学校无法为他们提供认识世界的力量时，又有什么能够帮助他们擦亮眼睛？创造力最充沛的群体却配备了最迷茫的认知，多么讽刺！现在问题回到了起点：正是企业在意识上的局限造成了培训机构的短视。

实际上，我们并不需要被逼迫到如此地步才开始专注地思考，培训最重要的任务应该是为那些潜在的思考力提供实现突破的力量，这远比把企业里那些事处理利索有意义得多。虽然这带有一点智力资本优化的意味，然而事实却不容否认。一个探寻反重力的培训和一个详细讲解公路养护的培训，你会选择哪一个？有一个尖锐的问题暴露出来：为什么更多的人会选择后者？这简直是现代人的劣根性，人们总是认为摸不到的东西都是虚无和没有意义的，即使是知识分子，也开始学着把一些无法具体化的东西物化下来，仿佛这样才是现实的。人们可以说他们在逃避劳动或者缺少责任感，事实上，这是无能的表现。因为一旦那些事物真的摆在面前，他们会毫无条件地接受，而将自己在别人埋头苦干的时候肆无忌惮地泼洒出去的嘲讽丢到九霄云外。那些妇孺皆知的大亨和巨擘几乎无一例外地经历过轻蔑、讥讽甚至鄙夷，却都殊途同归。从性质上来看，他们都是先驱。一个行业的发展不能靠维持稳定，一个文明的进步不能靠安于现状，在这个例子中，公路养护的方法可以演变出不少花样，可是一旦反重力技术投入交通领域的应用，公路本身也就成为多余的东西，养护也便失去了意义。

企业应该借助员工自觉激发的能量而不是强制激发的力量，只有这种情形才能在企业和员工之间达成有效的互惠共识。企业提供的培训、培训渠道、途径、内容都应该尽可能为之服务，而培训也不能只局限于培训师和听众的行为模式。在很多人的眼中这并不现实——尤其是当他们在企业里身居高位的时候，他们难以接受的原因很简单：不能为了满足一个爱跳华尔兹的人而让他整天泡在舞蹈培训班里。他们需要在八小时里做好自己分内的事，最低限度别犯错误，也别给其他人添麻烦。这是理所当然的，并且和我们的主张并不矛盾，因为你要的是额外的那一部分，而且越多越好。人们总是习惯于把事情进行类比，或者觉得只有具备某种联系的事情才具有可比性，这种思想真的不太好，我们也经常因此收获意外。事实上，在那些看似不相关的事情上，同样存在着非必然的联系，我们不能从因果关系上对它们进行推导，却经常看到出乎预料的结果。导致这样的结果是因为另一个误区：认为培训就应该是一些人说另一些人听。实际上，自我培训往往是最富有成效的培训形式，这源于自主思考是使创造力发挥作用的最有效渠道。这并不新鲜，那些基于潜能开发的培训项目正是通过这种形式发挥作用。脱离了形式的限制，这个问题理解起来就容易得多：你可以想象在假期登山遇险的职员在返回办公室后如获得新生般投入工作，那并不只是因为他还活着，而是因为他自己在脑海中的对比体验告诉他和命悬一线相比，写好这篇报告的困难简直不值一提。这就是那些做出丰功伟绩的人们的成长模式，也可以解释为什么那些饱经风霜、历经坎坷的人总是能够步步高升。你所要做的只是给他们属于自己的时间，他们自然会完成这件事。而对于那些不愿意离开办公室、自愿延长工作时间的人来说，你能从他们纯粹的专注中体会到：他们并不是为了讨好你，而只是陶醉于工作的乐趣中。在他们身上，我们至少能够明白，培训不应该是技术的附属品和载体，也不应该只是竞争的工具。

在那些传统的培训强国里，创造性的培训正在成为主导力量，这并不是我们的差距所在，真正可怕的差距是愚昧。无知的人之所以有希望，是因为他知道自己无知；愚昧的人之所以不可救药，是因为他们对自己的无知浑然不觉。从这个角度讲，培训变成了奢侈品，这并不是因为培训本身宝贵，而是极少数具有开创性力量的人使之变得光彩夺目。

培训的革命注定由少数人开始。在那些博学而敏锐的培训师手中，培训将会凸显出作为行为艺术的本质：艺术并不是终点，而是唤醒新生的开端。

第二节　行为的力量

在获取创造力并使之艺术化的诸多途径中，没有什么比激发行为更加重要。

“行为”并不是简单的动词或名词，最需要注意的是，要避免把它和心理学的概念混为一谈，最糟糕的做法是使用精神分析来对待它。语言本身就是行为的产物，用子体解释母体是最困难的事，很多时候，你都能感到语言的苍白和软弱。这个世界上的那些最微妙的事情总是能够感知却无法言表。我无法使用语言确切地描述什么是行为，只能通过例子来说明。

想必你会同意“文字是人类最了不起的发明”的说法，从很大程度上，这是因为深蕴其中的行为化的元素使之成为艺术。每一个文字都是一个完整的有机体，关于这一点，中国人很值得骄傲，汉字的造字法充满了艺术的灵感。并不是每个人都有机会接受系统的美术训练，不过通过观察笔迹便足以判断出作者是否拥有艺术的感觉。有些人的字写得赏心悦目，有些则像二维码。从行为的角度来看，前者的观察力往往更胜一筹，他们对于文字当中蕴含的行为元素更加敏感，你可以在文字的结构、比例和气质上看到这些表现。不过即使是那些笔迹优雅的人也会遇到写不好的字，这是因为即使是书法家也无法破解所有文字的行为密码。这并不是什么新闻，大多数汉字可以通过关键笔触确定品位，这些细节包括角度、斜率、比例、距离甚至空白。一个漂亮的“水”字能让人嗓子发干，分泌唾液；而“吃”字则会把吞咽的感觉从齿间一直传到喉底。不可思议的是，即使是希腊字母，也像心电图一样蕴含着节奏感。在我们身边，字写得好的人更容易受到关注，这并不一定意味着他比别人更有魅力，而是因为他对于文字本身所蕴含的行为元素的发掘让文字看起来更富有表现力，而这种表现力直接激发了其他人的行为。

作为最直接的催眠方式，影视作品一直占据着视觉艺术的主要席位。虽然家庭影院早已普及，剧场式影院却并没有一蹶不振，事实恰恰相反，影院正在迅速复兴，这不是技术层面的问题，你可以想象在二十多年前，露天放映的幕布电影同样具有摄人心魄的力量。当观众走出影院的时候，感觉更像是走出了一部穿越剧，他们必须重新梳理思绪以便回到现实的生活中。这源于两个方面的原因。第一个原因是空间感，在这方面，音效起到了决定性的作用；第二个原因便是行为激发。它以人类与生俱来的生物学上的情感作为基础发挥作用，诸如恐惧、喜悦、悲伤、惊讶、对抗与争夺，通过直接激发或者引导自主激发都能达到某些效果。米高梅影业的经典电影《魂断蓝桥》和半个世纪以后派拉蒙的《拯救大兵瑞恩》阐述的是同一个主题，这听起来有点奇怪，但事实的确如此。《魂断蓝桥》是通过爱情反衬战争的罪恶，而《拯救大兵瑞恩》则采用了逼真的写实手法，虽然前者不会带来恐惧，却会以撕心裂肺的想象力使影片的意义表现得更加透彻和深远，这个突破口源自人们向往美好事物的本能和悲悯之心；后者则采用最直接的视角刻画战争本身的残酷，与兄弟情谊形成了同样强烈的反差。擅长捕捉和编织情感是导演最了不起的天赋，斯皮尔伯格在这方面的能力和另一个领域中的史蒂夫·乔布斯异曲同工。在斯皮尔伯格的所有作品中，使用最平常的基础情感作为原料，再通过机巧编排便使非常简单的情节成为杰作的例子俯拾皆是，它们无一例外地大量运用了行为化的手法。

在企业里，行为正在发挥着越来越大的影响。现代企业内部建立起空前严细的关系网络，以保障生产链条的顺畅。人们在职业病和无望中度日，他们按照指示完成一项项工作却无法获得由衷的快乐。20 世纪前 50 年，企业主们意识到这种现象正变得不容忽视，于是不同性质的企业开始采用不同的手段缓解这种抑郁。

在中国，国有企业在相当长的一段时间里利用优厚的薪酬福利化解这种不适，外资企业则提供更加开阔的职场环境。不管怎样，所有的企业都会受到经济环境变化带来的冲击。尽管如此，有一部分企业抗击打的能力总是显得卓尔不凡，这从很大程度上归功于那些善于经营的企业家，他们给雇员创造个性化的工作空间，他们可以带着自己的狗和鹦鹉上班，穿着拖鞋走进办公室，把工作间的墙面装扮得像圣诞树，在疲劳的时候到真皮沙发上打个盹，在心情不好的时候到发泄室展示一下拳脚。这些在大多数企业看来无法接受的做法让这些乐在其中的企业活力充沛，战斗力强悍。此举的用意并不是为了讨好员工，关于这一点，那些工作最为繁忙的职员的表现能够提供解释。在忙碌的一天过去之前，他们便已经策划好消遣的方式，这些方式往往代表着某种不加雕饰的审美情趣。最有代表性的事件发生在火锅店和烧烤店里。在中国，火锅文化独树一帜，这并不只是因为冬天寒冷而已，对比当然能够增加安全感和幸福感，但还不足以解释为什么人们对此趋之若鹜、百试不厌。与之相反，夏天的烧烤会让人们更深刻地感觉到自己是自然的一部分。不过，这并不能对人们的热情自圆其说，问题的关键在于：这两种吃法最能让食客切身体会到从新鲜食材到成菜的转变，因此，嗞嗞作响的新鲜肉片自然要比其他食材带来更多的满足感。这种对于新鲜的痴迷源自最原始的本能，这也可以解释为什么新鲜的扎啤和海鲜同样受到热捧。

这些举措正在被越来越多的公司采用。新鲜的水果和青翠欲滴的绿色植物让办公区赏心悦目，企业主们所使用的正是行为化的方法。你可以说这只局限于知识密集型企业，却难以否认这是组织演替的趋势的事实。

虽然过去的一个世纪经历了现代管理学和经典行为科学的萌发，机械化的管理意识仍然牢牢统治着大多数企业，一个世纪以前，梅奥在《工业文明的社会问题》中提出过类似的问题，迄今，我们仍然只能在那些闪烁着人性光辉的企业里看到他的憧憬。在传统企业里，从迈进办公室的第一天起，企业就试图用各种方法统治雇员的思想：他们的国王是怎样的青年才俊，企业拥有无限光明的发展前景、声威显赫的行业优势以及崇高的企业文化。除此之外，还会配给雇员们专门的工作装，以便看起来像码在货柜里的可口可乐一样整齐划一。还有吗？当然。企业管理者们正以空前高涨的热情发明新的洗脑方式，比如组织雇员在路边下跪或者声嘶力竭地集体狂呼，有些时候，经理人们还会率先垂范，当他们陷入癫狂之时，扭曲的兴奋就像酒鬼看到了佳酿！企业希望借此界定雇员们的行为并使之进入集中的工作状态。这样做有效吗？也许有效，不过最能让雇员们感到幸福的时刻，还是脱下工装的瞬间。如果听到有人说穿着西装打着领带睡觉比穿着纯棉睡衣更舒服，你一定认为他疯了，这就是为什么 Google 和 SAS 可以如此壮大。很多人都觉得在企业里有一些不舒服是自然而然的，就像颁奖典礼上被汗水黏住衬衣时要咬牙挺住一样。不过这不只是感觉，而是行为。人只有在舒适和极端情况下才会真正解放创造力，牛顿不会在实验室里发现万有引力定律，这就是西装和睡衣的行为学。

培训师们正在重复着这一过程。那些讲解心态和团队建设的人施展浑身解数，用一个又一个成功的案例证明自己所言不谬。一些深谙世事的人更擅长使用开导的方式，他们会使用非常系统的结构强调信任、协作、换位思考的作用，引导听众按照他们的方式构建情境，意在凸显如果听从建议将会万事大吉前途无量，而悖逆而行则会遭遇不测并导致前景黯淡，听起来就像肿瘤专家在给癌症患者宣读医嘱。不过，语重心长的威胁并不能带来任何助益。

更极端的例子发生在学校。学校成为在心智模式还不成熟的时候建立某种约束机制的地方。从幼儿时期开始，孩子们便被各种规矩束缚着，这些束缚已经为我们绘制出一幅压抑的轨迹图，这里有最严苛的绩效考核，学生们为了考核结果而放弃个性，抛弃创造力。家长们不由自主地参与其中，推波助澜，他们齐心协力地把每一个阶段都作为冲刺的目标，投入惊人的精力和体力，当孩子们走进大学校门之后，被压抑的欲望开始变本加厉地追讨曾经失去的自由，这一切使他们在毕业时成功地回归平庸。这些情形无法提供超越感觉生长的土壤，当然也绝无美感可言。

行为也会表现为超越感觉的认知，在很多时候，人们会对某些事物表现出无法言喻的倾向，例如对食物的选择。这并不需要特殊的味蕾，人们不必拥有专业品酒师的味觉，就可以选择他们需要什么样的食物，他们会很自觉地避开使自己感到不快的食物。在这个问题上，他们甚至可以预知哪些食物进入消化系统以后会造成麻烦。除此之外，他们还会对同类食物进行辨别，对于一个特定的胃口来说，某些食物的代表性的味道和应该有的味道是存在差异的。我们并不会混淆橄榄和草莓的味道，然而，每两只草莓之间的味道上的差异却是可以分辨出来的，虽然父亲和儿子的选择不会完全相同，但这并不影响在他们的口中，二者只有一只更能象征这种水果应该具有的味觉特征。当一个人说起一个西瓜比另一个更有西瓜味，他很可能并不是在开玩笑。培训师面临同样的问题，他所要做的不是教他的听众如何选择，而是致力于如何让听众有更好的选择。

这种论调似乎有点抽象，实际上，我们经常可以看到相对具体的例子，虽然它们经常以不同的面貌出现。

你经常留意电视广告的话，就会发现一个非常有趣的现象：中国的广告并不像名满全球的旗袍那样拥有含蓄的格调，大多数广告并不像都市情感电视剧那样曲折跌宕，而是赤身裸体般的直接。这些广告得到的肯定不是舒爽而是机械化的印象。也许这并不影响广告主期望的效果：最美妙的和最令人厌恶的都会留下深刻的印象。

不过抱怨正片中间插播广告的观众所针对的正是那些直接得一塌糊涂的广告。与此形成鲜明对照的是，德芙、科勒的广告往往能够给人非同一般的印象，在看这些广告的时候，观众更像是在欣赏一部完整的影视作品。即使是在那些动用了明星和曼妙女郎的广告中，前者也无法达到后者带给观众的体验。这其中的区别当然不是烦躁和放松那么简单，而是广告策划和设计人员的脑力不同所致。一部成功的广告，处处闪现着艺术的和谐，关于这一点，德芙的部分广告是不错的例证——不能否认，即使是它们，也并不总能达到理想的境界。现在有很多人知道为什么有经验的报幕员不会站在舞台正中，却不知应该如何运用这一原理。在德芙的一些广告里使用了大量黄金分割的手法以强调主题，精巧的音乐流转、和谐的色彩对比与妙到毫间的情境使整部广告作品活色生香。贯穿所有要素并使之得以充分释放表现力的则是暗香浮动的爱情主题，这是人类最美好的情感之一，设计者当然对此深有感悟。听起来好像很容易？也许吧，不过想要把鉴赏上升为创造终归不是件容易的事，这种困难同样存在于作曲家和听众以及厨师和食客之间。一个能够在勃兰登堡协奏曲中起舞的人未必能够达到与作曲家同等的思维高度，莫扎特的耳朵和我们的耳朵听到了并不相同的声音。事实是，在那些令人憧憬的能力中，只有参与才能体会到其中的奥妙，听起来像不像体验式培训？其实，体验本身正是人类社会各种活动实现突破的原动力。那些最令人迷醉的修养也正是在体验中才能得到，这就是为什么那些热衷于参与体育运动的人比那些只是忠实地追随电视转播的人能够得到更丰腴的快乐的原因。即使是在并不相同的领域，类似的实践经历也会在对同一事物的判断中形成差异，在每年前往悉尼歌剧院参观的人当中，木匠和手工艺者比那些普通的观光客更能感受到建筑的奇伟，这源于他们通过身体的经历获得的更加丰富的感觉。同样的，只有擅长捕捉体验的人才能够设计出足以带来非凡体验的作品。

书店里最稀少又最受欢迎的一类书籍就是把奥妙的道理用生动平实的文字表述出来的专著，虽然作者们文风迥异，但是他们当中的大多数并不希望自己的文字晦涩难懂，对他们来说，如何操纵语言和修辞决定着读者能否从中得到教益和修养。问题在于，人们的语言结构和文法习惯通常和年龄存在明显的比例关系，这源于阅历对精神领域的作用。这种思想演替的直接结果是不断地使文字表达复杂化，一部分人的文笔变得冗杂晦涩，另一部分则精巧生动，这并不只是驾驭语言的能力上的区别，还在于唤起意象化的能力取决于思维视角的转换频率是否平衡，投射技术可以从很大程度上满足这种动态的协调。这一点在很多事情上得以体现，影视作品在拍摄时使用多台摄影机从各个角度和距离拍摄以求得引人入胜的效果，摄影师则采用不同的景深使照片看上去更有意境。

培训师在面对同样的问题。

在枯燥无聊的言语中度过几个小时是件可怕的事，没有人会在监狱里感到快乐，一个人看电视的时候，会经常变换姿势，只有精彩的段落出现时，他才会在段落结束之前保持不动。在这个例子里，催眠的关键在于节目是否能够吸引观众的注意力并使其不自觉地置身于场景当中。好的文学作品会带给读者类似的现场感，虽然意象感因人而异，但情境刻画的确能够主导意象的倾向。这一点在音乐领域表现得更明显：即使是那些不懂乐理的人也不会把大提琴的声音想象成泉水，而是一致倾向于崇山峻岭或者苍茫大海这一类庄严肃穆的景象。既然如此，这些行为就有了雕琢的价值。培训师的风险在于阻断使听众获得自主思考的可能性。一旦培训变成了培训师的秀场，这种风险便会激增。

如何把艺术内化到培训当中是全新的课题，对此做出的努力将非常值得，这种新型培训不仅有丰腴的肢体，更重要的是内在动力的作用，它将使培训结果在每个个体身上得到个性化的转化，这种转化会在每个个体身上形成具有独立生命力的激发体。正因如此，这种培训模式的成果将会引发核聚变式的反应。

第三节　行为的艺术

徐志摩在给香榭丽舍大街赋名的时候心中一定荡漾着美好的感觉，于是有了这个闪烁着东西方情愫的名字。今天，富有文化底蕴的游客可以在维也纳、迈阿密和佛罗伦萨找到同样的感觉。艺术是人类创造出的最了不起的和谐，你能在所有的事物中找到它的影子，培训本身就是一门综合艺术，培训师则应当是艺术家，你一定还记得第二章那些阐释此观点的篇幅。

与其他艺术形式相比，培训拥有的艺术元素更为丰富和行为化，这集中体现为对于人性的观照和尊重。为了说明这种艺术形式的内涵，从这本书的开头，我便提高了警惕。把经验写进书里是件可怕的事，即便是一本扩大思维幅度的书，稍不留意，也容易弄巧成拙，适得其反。虽然我非常反对把事物描绘得隐性化，不过基于对个性的尊重和对艺术的敬畏，显性往往意味着局限，如你所知，必要的抽象往往是引发高质量思考的导火索。

作为行为的艺术，培训从来就不是单一角度的呈现，为了获得广角，我们将其他艺术形式作为镜像加以说明。

1993 年，电影《侏罗纪公园》点燃了全球恐龙迷的热情，瞬间刷新了这种远古爬行动物的标准照。从黑白电影时代起，恐龙和怪兽题材的电影就从来不曾离开过人们的视线，《侏罗纪公园》运用行为手法树立了全然不同的新标准，今天你能看到的所有与这种爬行动物有关的电影都在以这部电影作为蓝本和起点。虽然这并不算是充满了创造力的制作，我们还是能从中找到那些行为化的痕迹。在晚白垩世以后的漫长岁月里，这些理论上已经灭绝的生物第一次如此逼真地现身荧幕。无论是皮肤、关节还是肌肉组织都展示出前所未有的细腻，最重要的是，皮肤的主人动作有力，协调有机得就像花园里闲逛的猫，这是在此之前所有同类电影从未达到的高度。产生如此震撼效果依靠的是流畅和浑然一体的视觉呈现。这个最简单的行为无处不在，你能在苹果的电子产品、交通工具的流线型外观上找到它，它让线条优雅的植物和圆润饱满的水果更惹人喜爱，让专注做事时被打乱进程的人满面愠色，让祛除皮肤瑕疵的化妆品热度不减。在中国，人们用“天衣无缝”来形容对这种本能的偏爱，毕加索则用“女人的身体是上帝创造的最美的作品”来解释为什么海滩上那些身材最火辣的人总能聚集最多的目光。

而把行为化的表现手法发挥到极致的，则是史蒂芬同年的经典之作《辛德勒的名单》。时至今日，我仍然坚定地将其排在以此类手法制胜的电影名单之首！单就电影而言，这样了不起的作品就已经足以成为艺术，你能从数不胜数的角度和无处不在的细节感受到导演对于人性刻画的潜在力量，能把行为运用得如此不露痕迹，实在令人叹为观止。

失去了艺术性的培训是干瘪乏味的，就像在西餐厅里咀嚼一块烤过了火又忘记放佐料的鸡胸脯。如果想要烹饪出佳肴，培训师必须率先保证培训的完整性，我们最好不要表面化地将其理解为内容的完备，或者在脑海里浮现出坐在可移动的硬木桌子后面那些满足的神情，这是一种内在的流畅，却不只是逻辑，你会发现那些结构呈现出非常明确的跳跃性的培训往往十分精彩，却并不会使人感觉不完整。

我再也找不出有什么职业比乐队指挥更适合用来说明让培训成为艺术的过程。从行为的视角看来，二者惊人的相似。倘若直接从培训的角度探究行为的问题，我们一定会遇到超出预期的晦涩内容，还将遭遇直接的约束。就此而言，对于听众来说，培训现场最大的危险并不是把培训师的话记在笔记本上，而是做好了将其原封不动地移栽到自己的培训中去的准备。用相似的行为艺术过程作为对照则可以避免这种风险。如果你愿意把下面的每一个镜头都投射到培训中去，一定会像我一样得到无尽的享受和启发。

声音对于行为的作用得到了广泛的认识，阿道夫·希特勒使用《从波兰到黑海》塑造日耳曼帝国的形象，让他的信徒至死不渝，关塔那摩监狱每天播放振聋发聩的重金属音乐，以期彻底摧毁囚徒的心智。每时每刻，世界不同地点的人们都会被声音左右情绪，在有声电影诞生之前，音乐就充当着电影的灵魂，在 20 世纪电影业大踏步前进的时候，又是音乐统领着影视的脉搏。它们让电影成为电影，让经典成为经典。迄今，在好莱坞的所有艺人中，作曲家和音乐制作人仍然拥有不可撼动的地位，约翰·威廉姆斯和汉斯·季默的那些令人难忘的笔触便是证明。音乐之所以具有如此强大的力量，在于它是唯一同时具有时间性和空间性的艺术形式。在那些失去了老一辈亲友的家人眼中，已逝者的声音最令人怀念，这也是为什么在诸如“音容笑貌”之类的词汇中始终将声音置于首位的原因。每一次在音乐厅欣赏音乐时，我都会在声音和现实中往复逡巡，仿佛意识已经获得了游离肉体的生命力，同时把握现场感和音乐本身是一件非常困难的事，这是两个大脑同时工作才能完成的任务。这种感觉是否强烈取决于指挥，我们可以在音乐厅找到其中的差别，更重要的是，这有助于帮助我们剖析行为如何在其中发挥作用并使之成为艺术。

指挥大多数都是糟糕的，对他们来说，这个称谓仅限于职业本身。在他们的演奏现场，死气沉沉的音乐之后也会有无精打采的掌声，不过这提不起那些“音乐的耳朵”的兴趣，在他们听来，那不过是废品收购站搬家。如果一名指挥只是把音符的时值和音乐的强弱通过动作传递给演奏员，那么就是彻底的失败，显而易见，在这个技术上，节拍器比手精确得多。音乐并不是音符的堆砌和精确的节奏，何况演奏员们身经百战，对总谱上的要求了如指掌。平庸的指挥并不清楚这一点，他们花费大力气研究总谱，只是为了保证乐团的表现不出纰漏。我见过一位以忠实总谱为荣的高傲的指挥，时至今日，他仍然在兢兢业业地锻造硬邦邦的、毫无生机的音乐。指挥不是音乐的工匠，瑞士的表匠们制造出精美绝伦的手表，精湛的工艺让它们能够在国际市场上卖个好价钱，不过百达翡丽和江诗丹顿充其量只能被称为艺术品，而非艺术本身。

不少指挥穿着笔挺的燕尾服，身姿挺拔得像钢筋，手中的小棒机械地画着僵硬的线条，你不必担心音乐会会超过预定的时间，也不必为长号会不会出现破音操心，一切都在合理的程序中运行。但是，你也休想从中得到任何享受和修养，失去了灵魂和情感，他们呈现在人们眼前的只是音乐的尸体——就像陈列在展览馆里的标本。

如果指挥的职责就是完好地呈现总谱，那么他们就变成了一群多余的人，不管你是否相信，作曲家并不能够完美地解释自己的作品，指挥也一样，不过幸好他们的工作出发点在于挖掘隐藏在作品中的所有可能性。对于听众来说，他们必须参与到音乐当中才能获得修养，这是一个相当高的起点：作曲家创作出作品，将其印制成总谱；指挥拿到总谱之后进行再加工，这个过程需要令人惊叹的广博知识——平庸的指挥的致命弱点之一便是修养不够全面，在排练中，出色的指挥会使用一系列手段重塑音乐的形象；之后，整部作品将会在演出现场呈现出来。这并不是终结，观众听到的并不是眼前的乐团演奏出来的声音，而是由它们引发的个性化的思维活动映射出的音响。这是一个彻头彻尾的再创造过程，对于观众而言，这个过程将在今后的回味和对比当中持续下去。显而易见，在整个过程中，指挥的重要性可谓举足轻重，他们将决定音乐是瘦骨嶙峋还是气象万千。在平庸的指挥手中是找不到答案的，我们即将进入的问题有点微妙，有些事情并不适合物化和数据化，尽管如此，一些迹象还是能对我们有所启发，我很乐意和你一道探究是什么让一位指挥家成为指挥大师，这也将成为在描述由培训师到培训艺术家的过程中遵循的轨迹。

我们马上就要进入决定性的排练环节。乐团将要演奏一部浪漫主义时期的交响曲作品，指挥家的脑袋里正在迅速地组织着结构，指引这一切的则是想象中的音响效果。现在，三位指挥将在不同的时间执棒同一支乐团，他们分别代表指挥的三种层次：指挥、指挥家和指挥艺术家。

指挥首先出场。在接受数年系统的音乐教育和专业技术训练之后，他才得以走上指挥台。他很可能非常敬业——至少在做助理指挥的时候，会养成这个习惯。正式排练之前，他会把每个关键的小节和进入用红色的自来水笔圈好，在那些容易出错的乐句旁边做好标注。他会严谨地打拍子，及时地叫暂停，纠正演奏中的错误。比如“巴松进入得太快了，请等等小提琴”、“法国号的声音不整齐”、“刚才双簧管在第三小节有一个错音”或者“这个休止要干净利落”。乐团小心翼翼地跟随着他的手势，不会让 ff（音乐强弱符号）振聋发聩，也不会把十六分音符演奏成四分音符。当然，在乐器快乐得突破尺度的时候，他还会提醒乐手不要忘记这部交响曲诞生于作者饱受摧残的生命之火即将熄灭的时候，不该把撒手人寰演奏得兴高采烈。他们会在演出前的几天重复这个过程，直到准备好接受掌声。正式演出的时候，乐团还会犯错误吗？不一定，不过一定会把错误减至最低限度。在这么严谨的氛围中，无论对指挥还是乐团，错误都是不可容忍的。没有了错误，演出在形式上很可能会圆满成功，指挥擦擦头上的汗珠，和乐团一起起立致谢。不过掌声不会持续多久。我在这样的音乐厅里不止一次听到个别观众发出尖锐的口哨声和叫好声，那些内行的观众不会附和这些呼喊，他们自然清楚这样的举动只是在试图煽动气氛，而不是被音乐感动。在那些音乐的耳朵里，这种演出自始至终都缺少某种使作品充满活力和内在动力的关键要素。看上去，演出只是指挥的工作，乐团只是配合他完成任务，所有人只是在制造音符，这让指挥和乐团与写字楼里完成一天的工作准备下班回家的职员没有什么区别。指挥打拍子的技术是可靠的，但是只有技术的音乐缺少灵魂，观众无法从中获得启发和修养。难道指挥的作用就是用拍点控制音乐和防止出错吗？

接下来出场的是指挥家。他有非常丰富的经验，指挥过几个不错的乐团，他很清楚观众会对什么样的音乐有反应，不过不要以为他会因此而取悦观众，这一切都将建立在他对作品的再加工上。指挥家是加工总谱的专家，这基于他对音乐效果的追求。他会设法让音乐具有丰富的可塑性，至少在音响效果上如此。乐手们将会得到一些指示，这些指示不会像总谱上的符号那样僵硬，指挥家会使它们听起来更容易触发情感。这也是一些乐器演奏家的拿手好戏，小提琴家马克西姆·温格洛夫在演示一个复杂的段落时对他的学生们这样解释："你最好想象热闹的街头，有很多车来来往往。"如果温格洛夫坐在弦乐组里，这就是指挥家想要对他说的。指挥家是一群擅长触动情感的人，在排练时，你会听到这样的提示，比如"他失去了宝贵的东西，现在非常悲伤"、"这是狂欢的场面，让你的乐器快乐起来"或者"他在沉思，请安静"。在很大程度上，指挥家和指挥的最大区别在于想象力，指挥家会把一些乐句图像化或者动态化，这种本领给音乐带来了生命力，你能从乐手的表情变化看到它是如何调动这群人的情绪的。对于指挥家来说，调动情绪能够最大限度地实现他的想象，乐手们按照他的引导使用想象力操纵乐器。演出极有可能很出色，并且在一段时间里被津津乐道。不过，这仍然是在制造音乐。

现在轮到指挥艺术家出场了。他也会使用想象力，也许意象化的能力更胜一筹，不过并非仅此而已。与其看着乐手们意气风发地演奏，他更希望他们能够为自己所做的一切做出合理的解释。现在他遇到了一个需要弱奏的段落，你会注意到他微妙的用词：不是“想象”，而是“就像”。他会避免下达充满既定意味的指令，他也许会形容这个段落“就像雪花落在树枝上”，不过这个念头并不会被强加给乐手，因为他不能确定这个想法一定比乐手们可能呈现出的效果更精彩。事实上，他只是通过提示把塑造可能性的权力交给这群掌控着乐器的专家。至于小提琴想象的是“绒毛飘落在静静的水面上”还是“手背拂过天鹅绒毯子”并不重要，重要的是创造过程必须由演奏家亲力亲为。在这个问题上，你会发现指挥艺术家的另一种能力，他们能够使用比大多数人更精妙的词汇，通过比喻和制造意象把事物描绘得极尽逼真和形象，这与敏锐的洞察力和丰富的知识结构有关，而人们最熟悉的以此著称的艺术创造者是作家。与作家相似的是，指挥艺术家的目的在于激发出乐团每位成员的创造力。这并不是结尾，恰恰相反，故事才刚刚开始。指挥艺术家的目的在于让所有人重新审视弱奏的存在，不是应该怎样做，而是它可以以何种方式存在，以怎样的形式存在更加合理。对于那些能力平庸的人来说，只需要看总谱上的标记就够了——很多指挥的确是这样的，他们自诩精通音乐史，对作曲家的一生非常熟稔，于是使用趋同的方式处理音乐——这样做的危险之处在于使音乐色彩单调，肌体干瘪。即使是那些标题性的交响曲，也会在乐句之间铺设必要的对比和起伏，这并不奇怪。有的时候，问题的关键不在于它是什么，而在于它可能是什么，这关系到在开发作品的蕴意时是否可以保证整体的和谐。今天的人们能够在音像店里找到一千五百个版本的《c小调第五交响曲》，其中的一部分中规中矩，另一部分莫名其妙，还有一部分恐怕贝多芬本人也听不懂。一些读者会揣测最完美的演绎应该来自贝多芬本人，这可不一定，作曲家未必能够完美地诠释自己的作品，这是事实，实际上，很多近代作曲家本身就是指挥家，不过他们却无法如想象中那样呈现自己的作品，理查·施特劳斯就是例子。这听起来有点讽刺，不管你相信与否，这既是艺术的魅力所在，也是艺术家的贡献所在——引导你超越作曲家。每一个观赏过凡·高作品的人并不是在内心重塑凡·高，而是创造出另一个印象，谁又敢保证他那颗脑袋里的创造力不比画家本人更了不起呢？艺术的使命并不是制造艺术品，而是赋予每一位欣赏者创造的自由，这种自由越纯粹，欣赏者就越接近参与者。指挥艺术家无时无刻不在感受自己的无能为力，他必须尽可能减少自己在排练过程中对乐团的影响，以确保他们所做的一切是创造而不是临摹。如是，乐手们面对的已经不再是一部被演奏了千百遍的作品，而是一部全新的作品；坐在指挥艺术家对面的也已经不再是演奏家，而是作曲家了。这就是为什么指挥和指挥家之间只是层次不同，而二者与指挥艺术家之间却存在境界上的天渊之别。

你是否想到了那些在培训前花费好几个钟头自吹自擂的培训师？他们想方设法喧宾夺主，在他们看来，自己远比培训重要，被记住意味着有更多的钱赚，他们绞尽脑汁靠拉拢关系而不是提高培训质量赚钱。你可以在集市上看到那些把很平常的东西鼓吹得天花乱坠宛如稀世珍宝一样的小贩，他们满脸堆笑，说尽人情。下一次路过的时候请行注目礼，如果把头发洗干净，再换上一套毛料西装，他们就是离培训行业最近、转型成本最低的人。对于很多做营销出身的培训师来说，经常露面可以增加好感以强化印象；对于培训师来说，行为的艺术却是了无痕迹。不同的选择将会导致大相径庭的结果，被记住并不等于被接纳，它决定了一个培训者是培训师还是投机客。

不论是指挥艺术还是培训艺术，都在通过使行为内化实现创造。在这个过程中，艺术的特征表现为不确定性。精确从来都不是艺术的基调，如果一件事物想要打动人，它至少在意义上是相对模糊的，模糊意味着无限可能与不可预知。如果一部影视作品刚开头便被猜测到结局，就失去了观赏价值，故事一定要有充足的悬念和意外情节，否则将失去吸引力。对于作曲家而言，不论作品的基调如何，只有那些能够不断带来新鲜感受的作品才能传世。即使是让同一个人欣赏同一部作品，时间和空间的差异也会带来与经验相异的感受。一个用圆规和直尺作画的人有可能成为了不起的土木工程师，却不可能成为成功的画家。一个只懂得让听众记住他口中的金科玉律的培训师，将彻底毁掉培训。这并非在强调启发，事实上，让听众有所启发的培训未必是成功的。不慎被牧羊犬咬伤的人可能会有不同的反应，第一种反应是从此远离牧羊犬，第二种反应是从此远离犬类，第三种反应是从此远离所有尖牙利齿。第一种人很可能还会被咬，只不过由其他种类的狗完成；第二种人不会给狗机会，猫或者其他动物可能会替狗完成这件晦气事；第三种人则会远离伤害。最直接的反射式的行为往往是非理性的，那些为雇主救火的培训师实际上是在帮助他们完成第一种反应，坏消息是大多数培训师所做的工作，正是基于这种简单的反射。知而不通，没能激活自主思考，趁着听众云里雾里，丢下一大堆名人警句扬长而去，不出半日，云消雾散复旧如初。显而易见，三者的区别在于思维被行为化的程度。

一旦这种不确定性通过有意识的行为表现出来，创造就会出现。在这个问题上，很难找到其他方式可以取得同等效果。卢浮宫里那些飘荡着檀木香气的杰作不是靠精确吸引观众的注意，在今天的观众看来，手绘和鼠绘可以做得更加精细，一台电脑可以完成大多数烦人的工作。人们可以很容易地在网络上找到绘制得秋毫毕现的作品，每一根毛发都呈现出均匀的渐变，闪烁着迷人的光泽，完美得就像刚刚端出烤箱的蛋糕。如果按照这个标准来衡量艺术成就，凡·高简直是一个不入流的画家，尽管如此，却没有一幅精致的鼠绘作品能够成为不朽之作。问题的关键显然不是技术，计算机可以通过复杂的方式完成高度精确的工作，却无法完成创造。画作的魅力在于蕴含其中的行为，正是它使得站在同一幅作品前面的人有着彼此不同的体验，这种体验源自每个个体在选择性地吸收作品传达的信息时被激活的创造力，那些试图寻找画家作画时的感觉的人偏离了艺术的方向，即便是欣赏，其目的也不是追根溯源，而是再创造。在那些才艺展示的电视节目中，一些名不见经传的歌手在演唱时全盘模仿原唱，甚至每一个断句的喘息都不放过，在他们看来，这是完美的表现。这很奇怪，不是吗？听众不会喜欢一个只会克隆别人声音的人，他们并不需要寻找替身演员，否则就不会去参加演唱会。翻唱是不错的选择，有价值的则是个性化地翻唱，如果一首歌曲带给听众的修养仅限于原唱，它将失去所有可能性。据此来看，原唱就是一种强有力的羁绊——即使是那些被公认为不可逾越的原唱。如前所述，作曲家并不能完美地演绎自己的作品，否则就不会有指挥这个职业，也不会有种类繁多的版本。正因为有了如此多的个性化的解释，欣赏才变得丰富而富有韵味，艺术才有了生生不息的生命力。

培训具备上述所有特征。即使是那些怀着忐忑不安的心情走上讲台的年轻的培训师们也能够体会到，最令他们感到舒适的时刻便是脱离书面文字侃侃而谈的时候，我们姑且不去讨论他是否有足够的谈资以及是否会在洋溢的热情中失去方向，单就这种舒适的感觉而言，同样是模糊的。那些经验丰富的培训师显得更为自如的原因是他们拥有更多的随时保持谈资组织有序的内在的自由。对大多数人来说，最无聊的经历莫过于重复做同一件事情。这种情形发生在很多领域，制造业最具有代表性。《摩登时代》正是这一情况的逼真表现，重复的种类有很多，最让人无法忍受的是机械式的重复，在那些抑郁症高发的工作环境中更常看到这种情形。培训师的课程本身也会有重复，一些培训师的课程经历了长久的时日却没有任何改进，在培训现场，培训师表现得淡漠甚至消极，如果一个人从小到大的早餐一直是煎鸡蛋，除非他在煎锅里看到了香肠，否则很难想象他在毫无悬念地再次看到煎鸡蛋时会露出惊喜的神色。从这个角度讲，那些把培训程式化的培训师是不幸的，他们不仅抑制了自己的创造力，也使让听众获得更多更鲜活的创造力的可能性变得渺茫。

在一次国际培训的间休，我被一群听众包围，他们注意到培训过程中使用了大量的案例，却没有做过一次总结。出现这样的质疑是基于某种固化在他们印象中的模式，那便是讲解案例，随后来一个精彩的总结。不过在我看来，此时此刻，没有什么比这个模式更加奇怪和多余，我们是在做高端的探索，而不是在扫盲。作为心智模式已经成熟的人，每个人都持有不同的价值观和世界观，培训必须让听众获得自力更生的能力，从最简单的举止到最复杂的思考。培训师必须尽可能减少自己在培训活动中的影响，在“影响”这个词上没有任何限定，不是只有直接影响或者只有间接影响，否则，便无法形成真实的影响。培训的层次越高，总结的副作用就越明显，那是因为培训的价值比模式更重要。虽然所有健全的人都能发出声音，却并不是所有人都能成为培训师，培训师必须通过听众发出声音。对于大多数听众来说，他们更习惯于把笔记本塞得满满当当，仿佛这样才能证明有所收获。这值得提倡，我们能够从笔记的数量和质量判断作者的脑力水平。然而真正的危险在于笔记在形成过程中扮演的角色和发挥的作用，最不应该却最常出现的角色就是总结，这种认识会给培训效果打一个大折扣。

不仅对于培训，对于所有艺术形式来说，如果受众想要确保自己能够从中得到足够的修养，比较理性的方法也许是只归纳，不做界定式总结。我把这叫作开放式接受，它和开放式培训共同构成了“无边界培训”的基础行为。这可不只是听众经常出现的问题，培训师也容易犯这样的错误。这样的结果会产生越来越多的约束和限制，培训也会因此变得生硬、冰冷和狭隘，更糟糕的是它极有可能通往错误的判断。我们不必非要在逻辑学的海洋里遨游就能想明白这个道理，你一定知道犬科动物、猫科动物和灵长类动物的繁殖方式都是胎生，这就可以得出哺乳动物都是胎生或者胎生的都是哺乳动物的结论吗？1880 年，当第一只鸭嘴兽标本出现在大英博物馆的展厅里时，弗里德里希·恩格斯就曾经犯过这样武断的错误。十五年后，他在写给康·施密特的信中坦承："我在曼彻斯特见过鸭嘴兽的蛋，还傲慢无知地嘲笑过哺乳动物会生蛋这种愚蠢之见，而现在这却被证实了！"恩格斯当然不是第一个犯这种错误的人，也不会是最后一个。广为人知的笑话是：一个总想解答难题的人折断了螃蟹所有的腿之后对其狂吼乱叫，而后满意地宣布螃蟹的耳朵是长在腿上的。

培训是有机体，应肌体鲜活、骨肉丰腴。一个常见的误解是颠倒了结构和内容的关系，事实上，不是结构产生内容，而是内容派生结构。如果培训师觉得整个培训应该先讲什么再讲什么，或者应该有什么不应该有什么，他便成功地坠入结构的泥淖，除非他足够敏感，否则他很难发现自己已经无法动转，他会有所感觉，却不知就里。结构的作用不是支撑内容，而是使之更有表现力。在这个问题上，很多培训师投反对票，尤其是对于那些已经把市场运作操练纯熟的培训师们来说，一份完整的大纲意味着他们可以随时拉好皮包的锁链奔赴机场。他们当中的一些人对于更新课程充满恐惧，并且能够拿出一大堆理由——比如因为对大纲和内容的熟练而更有信心也更有效率——来反驳。他们说的并非没有道理，更新意味着改变，这是个很容易弄巧成拙的举动，培训师必须在最短的时间里把更新打磨得和其他部分一样光洁，以防因此而影响培训的连贯性。不过，这也许并不像听起来那么糟糕，如果培训师要讲的东西是自然而然的，这个矛盾便不会产生——即使是彻头彻尾的改动！只有极少数足够敏锐的培训师能察觉到事物当中的这种线性的存在感。他们意识到：既然事物本身是足够连贯的，那么自己只需要发现这种内在的联系再依此进行再创造就可以了。于是，这变成了一个简单而微妙的过程，如果从培训师的职业素质来看，这无疑是卓越培训师们最引人注意的天赋之一。

举例来说，你还记得今天早上去上班的时候走过了多少级楼梯台阶，或者经过了多少棵树？这事情自然而然得毫无印象，因为每天如此，你并不会刻意留神先迈出的是哪只脚，因为这件事太流畅了。你也不会在乎下楼梯的时候步骤是否合适，步调是否协调。然而对于下楼梯这件事来说，这些动作都是结构，是思考的结果。只有当你注意到这些的时候，结构才被清晰化，才开始变得明确。比如当你身体情况欠佳的时候偏偏赶上电梯故障，你才可能把上楼这件事划分成几个阶段来完成。显而易见，这种结构并不是被制造出来的，而是本来就在那里，只不过被人为地显性化罢了。只有在自然的情形下，结构才真正是事物本身的一部分。从你意识到结构的那一刻开始，内在的流畅便开始被打破。这让很多培训生硬而唐突，失衡而乏味。

培训的影响源自内在动力的流转，就像气脉的运行。有意识的控制越少越好，真实的创造只能来自自由，不能设置任何障碍，培训师所做的，就是给予听众最大限度思考的自由。

那些热衷于心理学研究的培训师总是希望能够在话语权上抢先一步，他们当中的一部分人非常享受从惊讶的表情里获得满足的快感，这也是催眠术一直受到热捧的主要原因，何况在人们眼中，这是除了隐身术和飞行术之外唯一可能触碰到的能力，我敢打赌，他们当中甚至有人希望借此练就特异功能。可是，培训的目的并不是控制，任何试图操纵听众的做法都是不可取的，这是个很简单的道理，你必须把自由还给他们，这是他们仅存的思想动力。试图实现控制的做法导致的恶果已经够多了：为了控制资源和思想而引发的战争，在计划控制下失去活力的经济，以及为了对彼此实现全面控制而引发的婚姻危机。

十年前的冬天，我参加了一次培训，培训师来自乌鱼子的故乡。整场培训填满了各种夸张而强硬的手势，不到一个小时，我已经被折磨得筋疲力尽。当我准备闭目养神的当口，那位培训师发现了我的不良企图。和那些训练有素的同伙一样，这位培训师开始试图煽动我的情绪，手势更加有力，频率也更高，表情坚定得好像已经下定决心要在晚饭之前干掉我。我几乎是立刻就感觉到了这种威胁，老天保佑，那个阴暗的下午突然停了电。

从那以后，我注意到大部分培训师的肢体语言不仅没能为培训提供帮助，反而让他们看起来更像装着假肢。不仅如此，每次看到空姐和酒店服务人员交叉握住的双手，我都浑身不自在。鬼知道是谁制定了这种规矩，至少他不是自然主义者，缺乏审美的基本修养。即使是在触电的人身上，你也很难看到如此僵硬而丑陋的手势。我猜测乔布斯会对此深恶痛绝，否则你手中的 iPhone 一定长得像块砖头。

肢体语言让培训师吃尽了苦头，出乎意料的是，在与同行的交流和研讨的过程中，我发现他们当中的大部分人对此并无察觉。他们运用拙力动转躯体，这也许并不是因为他们身躯笨重，而是希望表达得更加有力。这些僵硬而机械的动作不会带给你罗丹和尼仁斯基的感觉，反而限制了思考的发展，使之无法饱满。

从行为的结果来看，培训师毫无疑问地在从事着世界上最危险的工作。这种危险并不只在于他的任何不慎都有可能对思考的质量造成负面影响，更严重的是它可能把同样的影响传递给听众，从而使后果翻倍。不过，如果培训师拥有洞察级的敏感，他便能够在危险来临之前采取有效的方式以避免踏入雷池。如果他还有足够的脑力可以用来选择思维方式，他就会成功地进入深层培训状态。

你一定见过一大群鸟——成千上万只——集体飞旋的场面，它们没有明显的领袖，却做着整齐的动作：瞬间翻转，疾速下降，阵形变幻莫测却整齐划一，宛若神助。你不得不去想是某种共同的意念让它们如此协调一致。异曲同工，倘若培训能够达到这样的境界，便只有思维在流动，听众将感受到纯粹的内在能量。卓越的培训师能鲜明地感觉到流贯在培训现场的行为元素，就像人们经常能够感知背后有人在靠近一样。有些人认为是磁场干扰引发的直觉，另一些人则将其解释为信息素的作用，甚至空间扭曲引发的引力场塌陷。事实是，我们并不总能以理性的方式将所有的事物具体化，也许这些说法都不符合你的感觉，不过这无关紧要，因为我们的确能够真切地感受到它的存在。培训师从迈进教室的那一刻起，便进入了这个微妙的领域。他有很多种方式处理这些行为流，可聚可散、可阔可窄、可疾可缓、可明可暗。不论是哪一种，都要保持自然和流畅。这并不意味着折返和阻断不可取，行为上的流畅和形式上的折转并不矛盾，就像蜿蜒入海的亚马逊。

在这个过程中，培训师和听众都会陷入危险的旋涡，它自始至终伴随着培训的行进，出现在每一个失控的瞬间。这个潜在的危险会在培训的开端集中表现出来，这个段落因此成为最关键的环节之一。培训师必须格外小心处理这个源头，它将决定听众能否同培训师一道进入培训的状态，这个序曲还因为蕴含了结尾而直接关系到行为的质量，而这是衡量培训质量的唯一真实的线索。实际上，在很多培训中，你能够感觉到没有人进入真正的培训状态，他们的行为线条粗陋杂糅，一片混乱。这种情形非常常见：培训师必须培训，因为以此为生，听众必须听培训，因为别无选择。他们毫无乐趣地凑在一起，就像为了完成某个仪式不得已而为之。除此之外，你再也找不到更崇高的理由能让一群人如此煞有介事地聚在一起齐心合力地浪费光阴。

大多数情况下，当人们察觉能够从某种活动中获得修养的时候，便会投入更多的主动性。不过，要想得到真切的修养，人们必须找到真实。真实是最纯粹的开始，是呈现各种现象的基元，它比感觉更可靠。在寻找真实的历程中，人们只有一条路可以选择，那就是超越事物本身，这要求他们不能对事物自我化和人格化，否则找到的便不是实际的真实，而是自我中心的产物。这一点对于培训师和听众来说都很重要，培训师要以某种方式提起听众对于真实的注意，而不是事物本身。这个过程中最艰难的部分在于他必须认识到自己只是发现者而不是制造者，否则，他便无法运用行为为听众创造通向真实的途径。在他的对面，听众的任务也并不轻松，实际上，他们是在共同创造一种充满动力的和谐，这个任务的艰巨之处在于：所有人都必须在思想上自力更生——这正是培训作为行为艺术最引人入胜的特征。那些慨叹于培训的精妙的人们应该意识到，他们触摸到的是自主创造的结果，这个培训从来就不存在，直到他决定参与创造的那一刻开始。

无论培训师拥有多么了不起的技能，都不可能从形式上促成这种和谐，因为从效果看来，创造力的产生是从听众的创造行为被引发开始的。在这里，行为展现出其微妙的面貌：既是渠道，也是工具，还是载体。

我能理解那些迫不及待地希望得到某种模式来运转行为的人们的心情，然而让我体会更深的是：实践证明语言和文字在解释这种事情上是多么笨拙和无助。在大多数人看来，实际的东西一定是具体化的，不知从什么时候起，知识分子们也开始试图把一些抽象的东西物化，这样的努力大都是徒劳的。在给这本书开头时，我就是抱着这样复杂的心境。能够被具体化描绘的部分往往意味着约束或者已经死亡，大多数培训师喜欢讲故事，那些自诩职场经验丰富的人有更多的案例用来吸引听众，这方法值得尝试，只是讲述者必须对呈现方式倍加留意：没有什么比它们更容易被割裂和断章取义。

我们已经讨论过不少关于行为艺术的元素，不过想要把培训升华为行为的艺术，我们仍然需要更多的支持，倘若你能够触摸音乐里的颜色、画作里的声音和自然中的节奏，也许有助于了解和体会行为的意义。

第四节　培训师的分化

从培训开始的那一天起，培训师就在提供关键却非决定性的力量。

听众必须学会从行为上弱化培训师。这并不是在鼓励你可以不尊重甚至轻视他们，而是应该更理性地看待他们在整个培训活动中的价值。

你一定还记得在前一个章节中我们曾经提到为了保证效果最大化，培训师必须尽可能减少自己对行为流的干扰的说法。事实上，不管培训师的技能如何高超，都不可避免地会制造阻力。我意外地发现很多培训师对此十分迟钝，他们并没有意识到阻力就来自自身。

九点整的时候，培训师出现了。全毛料的西装，胸口挺括得像块玻璃；身姿挺拔，干净的硬领像刚刚印出来的钞票；真丝领带打着漂亮的褶皱，领带夹的位置恰到好处；皮鞋锃亮，裤脚微微堆放在脚背上。“戴上一朵衬有满天星的玫瑰，牵上穿着婚纱的手，就可以接受祝福了”——当我第一次以这种面貌出现在教室里的时候，这个古怪的念头便不合时宜地浮现出来。今天的培训师大都是这个样子，其中的一些人会把西装换成中式礼服。这套装束在传递一些信息，他们大多是正面和积极的，比如，这意味着培训师并不是来度假而是正儿八经地做事的，他对于培训这件事的态度非常严肃认真，对听众也有足够的尊重。不过，除了礼仪方面的因素，这些信号对于行为的意义就不那么容易界定。虽然它显示出更多职业化的信息，却在无形中制造了行为化的阻力。一个非常容易被忽视的问题是：这经常是听众面对的第一重阻力。当我还是听众时，每次看到培训师以这样的面貌出现，总是会不由自主地报以怀疑的目光，就像在超市里审视一只包装华美的金枪鱼罐头。一位年过半百的培训师告诉我，他总是无法摆脱对于服饰的注意。这的确不是个别问题，职业装对于培训师来说是个不小的阻力，在做好决定站在培训台上以前，他要做的最后一件事就是战胜职业装！很多培训师也许并没有这种烦恼，不过这要比烦恼本身更糟糕，这说明他们缺少基本的敏感。如果你仔细观察就不难发现，大多数培训师无法驾驭那套羊毛面料，这从很大程度上是因为他们错误地理解了礼服的作用——礼服是为了表示尊重，而不是用作自我展示。

在传统培训师看来，他们的培训目的之一正是自我展示，他们需要大批的拥趸以便带来绵延不绝的财富，关于这一点，你一定有很深的共鸣。不过他们很难得到实际的财富，格局限制了他们行走的高度。

事实上，在大多数人的心目中，衡量培训师的那些指标仍然停留在表面上。他们会格外关注培训师的服饰、仪表、手势以及是否使用迂回视线，假如你不小心把后背对着听众，也会被嗤之以鼻，因为某种根深蒂固的教条已经把这些标准和禁忌牢牢烙在人们的脑海里。不过，你会发现这些所谓的标准根本无法把培训师和其他职业区分开来，尤其是传统的服务行业——这些看上去很美的标准正是基于传统服务行业、教育和对培训师这一概念出于对虚荣的偏执理解而混合拟定出来的。对于以思考力和创造力作为生命源泉的培训行业来说，如此肤浅的表象成为主要的评判标准，足以说明现阶段该领域中意识形态的落后，这种缘于认识和能力缺陷的愚昧就像18世纪的贵族站在磁悬浮列车旁声称他的马车是世界上最快的交通工具一样。一个尴尬的事实是：这些所谓的标准在不知应该如何确立标准的情况下被制定出来，不知如何选择的选择显然经不起推敲。

相应地，一批能力超群的新型培训师将会出现，他们与传统培训师之间存在巨大的差距，这种差距将体现在诸如格局、知识结构、技能性质以及创造力等各个方面。传统的培训师（包括现在你所见到的大多数培训师）由于关注点集中在如何增加收入上，商业模式简单而直接。在他们的简历上，几乎是清一色的外在描述，你能清楚地看到这一点——他们试图通过高校、组织或者第三方的名誉抬高身价，这些第三方机构与他们的关系大多是短期联系或者项目合作，目的仅在于增收。显而易见，让他们建立这种联系的是人际关系，使之成行的则是赢利手段，而不是其出于自身的专业能力。这种模式来得直接去得直接，因为没有货真价实的核心竞争力，这一类培训师就像无本之木，四处漂流，大多数像流行歌手一样渐渐隐遁。新一代培训师靠真才实学起家，他们很清楚核心竞争力只能来自内在，而不是依靠外援。尤其为人称道的是，他们非常清楚竞争力只有在协同发展的情形下才会表现为推动力。因为根基牢靠，思考力和创造力得以绵延不绝地生发，客观地讲，新一代培训师才是真正意义上的培训师，而天赋是将他们与传统培训师划分开来的第一要素。这并不意味着某些人可以凭借得天独厚的优势坐享其成，实际上，未来的培训师将要经历更加严苛的成长过程，只会谈经验和依赖感性判断生存的培训师的发展空间将会越来越小，那些斗志昂扬却缺少天赋的培训师将会发现进步不再与努力程度呈线性关联，缺少天赋也会成就优秀的培训师，然而这只能在操作性技能的层面获得实现。关于这一点，你能从历史上找到无数的事实，比如安东尼奥·萨列里和沃尔夫冈·阿玛德乌斯·莫扎特。认识这一点需要极大的勇气和超乎寻常的理性，因为人们已经习惯于诸如“不断地重复做一件事，便可达至极致”之类的说法，这些箴言对于激发热情和避免好吃懒做确实有些用处，但事实是：只有拥有天赋的人才能领会达至极致的历程中那些微妙的直觉，否则，重复只能是重复。人们不愿意接受失败，憎恶自己并不是在所有的领域都能获得优势地位的现实，他们更愿意相信毫无根据的感情用事，就像一株含羞草发誓不畏任何艰难困苦，一定会成长为参天大树一样。而这样做的目的，仅仅是在心知肚明的情况下维护自己受到威胁的自尊心，他们比任何人都更能体会到：激情与狂热从来就不能从根本上解决问题。

毋庸置疑，天赋将产生突破性的技能，它会打破培训师群体长期以来综合素质不分伯仲的局面，把培训师划分为两个比例悬殊的阵营，传统培训师仍将受困于技术和理念的范畴而难以脱身，因此而导致的成长放缓将成为困扰他们的主要问题。新生培训师则不断迸发创造力，促生新的理念，拓展更加广阔的疆域，这将使他们的成长获得更大的加速度。从这个角度讲，作为天赋的重要产物，创造力将成为划分培训师工作领域的最重要的指标之一。就像画家、建筑设计师群体里的那些分化。结果会如何？两类培训师彼此争夺市场的可能性越来越小，他们将会运行在不同高度的轨道中，培训的层次也会因此更加清晰。在提高人力资本价值的过程中，二者缺一不可。以技术为例，传统培训师专注于开发新技术，通过新方法作为载体加以实施，并以此强化培训效果，他们会演化出更丰富的培训形式和更富有逻辑性的培训方法。新生代培训师对于技术同样关注，不过他们更关注技术本身的属性而非形式。就像几年前风靡全国而今惨淡经营的拓展训练一样，也许你正是当年那些人群中的一员。

八年前，我们应邀到一家拓展训练的龙头机构参观，广阔的场地和整饬的绿化带给我留下了深刻的印象，我们花了整整一个上午才看完所有的设备，从背摔的金属桌到高空断桥。当我得知在这里做五个项目的费用是七千元时，不禁大感意外，我实在想不出这堆金属能给人们带来什么。当年库尔特·汉恩提出“在做中学”的观点的时候，一定引起了不小的震动，不过这算不得什么了不起的发现，自人类诞生之日起，我们就一直在这样做，不是吗？但是汉恩的理论仍然具备可取之处，只是后人把那些潜在的可能性一股脑儿地排除在外，并且潜移默化地改变了原本的意义。稍加思考便不难发现，拓展训练也许在形式上符合汉恩的理念，属性却已迥然不同。当年汉恩在马里湾的高地上创建高登斯顿学校的时候，一个完整的体验项目长达二十八天，充满了未知和危险的独立操作项目占有主要的比重。

今天的拓展训练又如何？参与者的身上被各种各样的保护装置包裹着，有弹性和没弹性的绳子把受训人缠绕得宛如木乃伊一般，不论是何种项目，都要率先保证安全无恙，项目数量也被极大缩减，越来越儿童化和趣味化，这是对现代企业的适应吗？问题是，这样的适应是否已经失去了汉恩们的灵魂，它们已经变成了游戏而再也不是充满未知和挑战的壮举！任何一个心智健全的人都知道，蹦极和跳楼的感觉是截然不同的。据此看来，拓展训练已经沦为消遣方式。这一类的例子还有很多，不可否认的是，形式上的变化也会带来真实的快乐，并且从某种程度上有所收获。不过这很难得到持久的效果，就像十年前那场轰轰烈烈的打造学习型组织的热潮一样，我们已经经历过的培训大多都经历过这个路线：像流行歌曲一样遍地开花，在下一拨浪潮来临之时销声匿迹，就像日本人淘汰他们的电子产品。这并不是智力资本自然演替的结果，原因更多地出自对新鲜事物的盲目追崇和不求甚解地恣意使用。

创造性技能的出现并不是凭空产生的，它是培训行业发展的必然趋势，新型培训师的天赋也并非体现在培训的架势上，而在于对培训本身的意义和价值的深刻理解。今天，你能在极少数场合听到这一类的培训，对于大多数人来说，适应这样的培训需要一段时间，这主要是因为培训实现了技术的隐性化和一体化，内在能量的传递不再受形式的约束，培训变得更加富有韵律，也更加流畅，就像是自然的产物。你可以想象一条没有水坝阻挡的河流是如何蜿蜒奔流的。

没有了意识上的阻碍，培训师得以从更高的角度创造培训。这样做会有什么样的结果？出人意料还是吓人一跳？未必，不过一定更富有表现力，效果也更持久。这种感觉当然来自听众，培训师的引导将使他们比以往更清醒地认识到，坐在这里的目的并不是对培训和培训师本身做出评判，而是投入创造性的脑力劳动。于是，这件事的性质和目的发生了变化。从传统培训的角度来看，这有悖方向性原则。从发展的角度来看，却顺理成章。新型培训师不再以听众提供的需求为唯一参照，这在传统培训师看来是不可容忍的：他们必须严格遵照那些需求调查表工作，甚至在有必要的情况下取悦听众。你一定还没有忘记，我们正在谈论的是培训行业的发展问题，而不是服务问题。至于服务和发展的关系，我们已经在前面解释得够多了。

如果你是培训师，也许在思忖另一个难以回避的问题，就是关于培训效果的评估和反馈。培训评估表一直是企业与培训师进行交易的筹码，也许有一部分培训的结果可以通过这种方式进行衡量。在很多培训师的眼中，这张表格意味着是否能够拿到足额的酬劳，不过事实是：培训评估表上的反馈和实际的培训效果从来就是两码事。从培训各方的角色看来，培训的质量取决于培训师对于培训内容的理解，以及由此引发的自主性创造的质量，而不是个别化的意见。实际上，除了做出虚怀若谷的姿态以外，大多数的培训反馈对培训师来说毫无价值。培训以听众为核心并不是说也要以听众的要求为核心，听众的要求并不一定是高质量和足够理性的，尤其是从那些类似应激反应的感觉中滋生出的要求。听众并不一定真的知道他们需要的是什么，不过培训需求问卷很容易催眠培训师，这样做的培训师大多基于两种情形，一种是由于力所不及别无选择，另一种则是看到了却不愿意懂，顺水推舟以便在效果不佳时推卸责任。一旦培训师的注意力集中在问题本身，便很容易忽视另一个事实：听众对精确描述问题实质无能为力本身也是迫使他们坐到培训教室里的原因之一。如果你是一位具有职业良心、对培训抱有纯粹的敬畏之心的培训师，请不必再为那张表单上的评价纠结。对于擅长维护关系的培训师来说，表单上的东西往往最不可靠，他们中的很多人胸无点墨却总能得到满意的结果，那并不是因为培训本身很出色。问题是，表面上的恭维并不能湮灭真实的感受，人们不会轻易表露真实的感觉，然而一旦时机适宜，他们便不再掩饰。我并不是在怂恿培训师不顾及听众的感受，而只是就理性的判断比获得认同更重要提个醒。

由于新生代培训师高知的特点，他们的出现将引发一系列连锁反应，并最终诱发培训行业的结构性变化与整体发育加速。

年龄对于培训质量的影响将被逐渐淡化，这并不是因为经验不再重要，而是不断寻求突破性认知的时代要求。新生代培训师将逐步成为前沿群体，他们的思想更具有活力，思维方式更先进，判断力更强，知识代谢速度更快，更富有开拓精神。新生代培训师与年青一代的培训师并不是一回事，他们的称谓是基于符合时代特征的思维模式而非年龄的划分，那些使思维模式始终保持先进的老一辈培训师同样属于这一阵营。新生代培训师的出现改变了以往培训师的来源结构，不再受到企业环境的局限。使他们脱颖而出的是基于自主知识产权的领域研究，正如前面所讲，新生代培训师不依靠寄生，他们是名副其实的开拓者。这让他们背负着最高的成长成本、最艰辛的成长历程和最全面的修养。这使他们成为新锐培训师，拥有影响整个领域甚至行业的力量，在他们的下游，将会有更多的人因为他们的努力探索和杰出贡献而获益。

正因如此，培训和企业的关系也将发生变化，培训将继续为企业管理推波助澜，然而这种借助关系将不再成为培训的主流形式，培训将更加充分地展示出本来面目，推动思想、技术创新和生产力进步，这种影响将从外部引领企业实现非线性发展，并将从人类文明的大格局出发，引导人类社会从工业文明向生态文明过渡。新生代培训师作为最先进思想的代表群体，将成为这个进程中不可或缺的智力资本和重要动力源。

在不久的将来，新型培训师的社会角色将被刷新，他们的价值将在剧烈转型之后变得不可替代，在整个群体得到净化的同时，未来的培训师将更多地扮演领导者和先驱的角色，这是一群集思想家、学者和艺术家特征于一身的创造者，他们将不断开辟新的疆域，演替新的标准，掀起新的思潮，树立新的高度。

在他们充满探索精神的不懈努力下，培训将展现给人们豁然一新的感受，并因其丰富的表现形式与内涵成为实现全人类快速成长的综合艺术形式。任何突破都必须付出代价，在过去的一个多世纪里，从新教育、新组织理论到新商业模式，培训行业已经走过了如此曲折复杂的轨迹，在接下来的岁月里，它将获得勃发的力量。这将是一场思维和行为方式的革命，它将为全人类带来更加美好、和谐和幸福的未来。